I0146600

REPONSE A VN ECRIT INTITVLE

Deffenses des droits de Madame de Nemours pour les Souverainetez de Neuf-Chastel & de Vallengin.

PREMIERE PARTIE.

Sur le Fait.

Ecrit pour Madame de Nemours.

LE different qui est entre Madame de Longueville & Madame de Nemours pour la Souveraineté de Neuf-Chastel & de Vallengin, a fait un grand éclat dans le monde, mais il y a peu de personnes qui en soyent assez instruits pour en pouvoir bien juger.

Les gens de Madame de Longueville ont fait tous leurs efforts pour prevenir les esprits en sa faveur, & ils ont même publié des libelles pour donner quelque couleur à ses pretentions, & dé-

REPONSE.

IL semble que ceux dont Madame de Nemours suit les conseils dans cette affaire ayent affecté de ne rien faire dans les regles, & d'inventer aussi bien de nouvelles formes, comme ils auroient besoin d'inventer de nouvelles loix pour appuyer ses pretentions. C'est sans doute Madame de Nemours qui fait des demandes à Madame de Longueville : autrement elles seroient d'accord. Car on ne luy demande rien. Pourquoy donc donne-t-elle à sa Production le titre de *Deffenses*, & contre quoy se deffend-elle ? C'est dit-on dans la suite ; contre des *Libelles publiez par les gens de Madame de Longueville pour prevenir les esprits.* C'est le nom qu'il plaist à

l'Auteur des *Deffenses* de donner à un écrit particulier sans nom, sans aveu; qui n'a pas esté même publié. Mais cét écrit est-il un acte judiciaire? M. de Longueville l'a-t-elle produit? a-t-elle declaré qu'elle l'employoit? nullement. Y eut-il donc jamais de conduite moins reguliere que de changer sous pretexte de cét écrit, toute la forme de ce different; de donner aux demandes de Madame de Nemours le nom des *Deffenses*; de les répandre même dans le corps d'un long écrit, sans les former expressément en aucun endroit; & de produire ensuite cét écrit non signé, sans aucun inventaire des pieces qu'on y a jointes? C'est ce qui ne s'estoit jamais fait jusqu'icy.

b Il ne s'agit point dans ce different de devoirs de civilité. On n'impute rien sur ce point à Madame de Nemours. S'il s'en agissoit, il seroit aisé de faire voir que Madame de Nemours n'a pas sujet de tirer avantage des civilitez qu'elle a renduës à Madame de Longueville, ni de faire beaucoup valoir sa patience & sa moderation. On veut croire aussi que ce n'est pas elle qui le fait, & que ce sont des embellissemens de la Rethorique de son Avocat.

c L'Auteur des *Deffenses* devoit éviter de parler *de ces dernieres extremitez*, de peur de donner lieu de faire comparaison de celles qu'il reproche aux gens de Madame de Longueville, avec celles qui sont prouvées par des informations juridiques contre les gens de Madame de Nemours; & qu'en se representant d'un costé Molondin subjet des Estats de Neuf-Chastel, arresté une heure durant dans sa maison par l'ordre des Estats, qui est cette *derniere extremité* dont Madame de Nemours se plaint; & de l'autre le sieur de saint Micaut Lieutenant du Roy à Dijon assassiné cruellement dans une ville du Comté de Neuf-Chastel, les choses ne paroissent pas fort égales.

crier le droit de Madame de Nemours, mais s'ils ont pû faire quelque impression, il ne sera pas difficile de l'effacer, & détromper ceux que la passion où l'interest n'auront point preoccupez.

Aprés la mort de Charles Paris d'Orleans Duc de Longueville, qui a donné lieu a cette contestation, [b] Madame de Nemours a rendu à Madame de Longueville tous les respects qu'elle luy devoit, & elle n'a rien oublié de ce qui pouvoit maintenir la paix entre des personnes si proches, elle a même long-temps dissimulé ce qui se faisoit à son prejudice pour la succession de Monsieur son frere. Mais comme il s'agissoit d'une Souveraineté, on a mis en usage tout ce qui la pouvoit conserver. Les gens de Madame de Longueville en sont venus [c] *aux dernieres extremitez*, & aprés avoir fait insulte aux envoyez de Madame de Nemours, ils ont exercé contre elle-même tous les actes d'hostilité.

d C'est ce qui a obligé le Roy pour empescher quelque chose de plus facheux, d'interposer son autorité, & de vouloir prendre luy-même connoissance d'une contestation si importante, par la qualité du sujet & par celle des parties.

e Madame de Nemours a receu avec respect les ordres de Sa Majesté, & aussi-tost qu'elle a pû aprendre ses intentions par la lettre qu'elle a eu l'honneur d'en recevoir, elle a quitté tous les f avantages que sa presence à Neuf-Chastel & les voeux des peuples luy faisoient esperer pour se rendre auprés de Sa Majesté, & l'informer en même-temps des raisons qu'elle à de se plaindre, & de la justice de ses droits.

Pour en avoir l'intelligence il est necessaire de sçavoir que Henry d'Orleans dernier du nom Duc de Longueville, & Souverain de Neuf-Chastel & de Valengin, a esté marié deux fois. De son premier mariage avec Loüise fille de Charles de Bourbon Comte de Soissons est issuë Marie d'Orleans, aujourd'huy veuve de Henry de Savoye Duc de Nemours; & du second avec Anne fille d'Henry de Bourbon Prince de Condé, sont issus deux enfans, sçavoir Jean Comte de Dunois & Charles Paris Comte de saint Paul.

Marie d'Orleans a esté mariée avec Henry de Savoye du vi-

d Ne semble-t-il pas à entendre l'Auteur des *Deffenses*, que ce sont les violences des gens de Madame de Longueville qui ont porté le Roy à prendre connoissance de ce differend; cependant tout le monde sçait à la priere de qui il l'a prise, & quelles sont les violences qui l'y ont obligé? L'Auteur des *Deffenses* devoit se reserver à alterer ce recit dans des choses moins connuës. Il suffit donc de luy répondre, que c'est Madame de Nemours qui a receu ordre du Roy de revenir en France, & que ce n'est pas elle qui l'a demandé.

e L'obeïssance que Madame de Nemours a renduë aux ordres du Roy est loüable, mais elle auroit encore mieux fait de veiller de telle sorte sur la conduite de ses gens, qu'ils ne la missent pas dans la necessité de pratiquer cette obeïssance.

f Elle n'avoit point d'avantages justes à pretendre contre un Prince legitime & reconnu pour tel par un Jugement Souverain. Elle n'a donc renoncé qu'à des pratiques illicites dont les suites luy auroient esté imputées devant Dieu & devant les hommes. Ainsi c'est une des plus grandes obligations qu'elle ait à Madame de Longueville que de luy avoir épargné ces suites funestes, en obtenant du Roy son rapel en France; & c'est aussi une des intentions que Madame de Longueville a euës en sollicitant cét ordre.

vant de son pere, & par son Contract de mariage ; quoy que sa dot qui luy a esté donnée g n'ait aucune proportion avec les biens & la grandeur de la maison de Longueville, neanmoins Henry d'Orleans son pere l'obligea de renoncer à sa succession & à celle de ses freres, au profit du survivant des deux, aux conditions portées par ledit Contract.

On faisoit h un prejudice notable à Madame de Nemours de la contraindre pour une somme de cinq cens mil livres qui luy fut donnée en faveur de mariage, de souscrire à des renonciations si desavantageuses, aussi comme elle ne les a faites que par deference à l'authorité paternelle, elle s'est servie des voyes que la Justice permet en ces rencontres, & elle a protesté i contre la contrainte qui luy a esté faite.

g On a offert à Madame de Nemours de luy faire voir en détail que cette somme de cinq cens mil livres estoit tout ce qu'elle pouvoit esperer du bien de la maison de Longueville : ce que l'on comprendra facilement, si l'on considere que le principal du bien de cette Maison est en Normandie, où elle n'avoit rien du tout.

h Madame de Nemours ne se faisoit aucun prejudice par ses renonciations, elle déchargeoit seulement sa Maison, & elle-même, de discussions embarassantes. Elle y trouvoit même tant d'avantage pour la grandeur de sa Maison, que quand elle y auroit souffert quelque prejudice, elle ne s'y seroit pas portée moins librement & moins volontairement. L'Auteur des *Deffenses* découvre luy-même ce motif, sans qu'il soit besoin de le deviner. *Le silence*, dit-il, *qu'elle a gardé* (depuis la mort de Monsieur de Longueville pere) *est une preuve de l'affection qu'elle a eu pour son nom, dont elle a voulu conserver la gloire en la personne de ses freres.*.

Elle desiroit donc la gloire du nom de Longueville en la personne de ses freres. Or qui doute que cette raison qui l'a portée à ne se pas faire relever de cette renonciation, lors qu'elle pretend qu'elle l'auroit pû, ne l'ait aussi portée à la faire ? N'a-t-elle pas esté toûjours également passionnée pour la grandeur de sa famille ? Et cette passion n'a-t-elle pas toûjours esté capable des mêmes effets ? Il ne faut donc pas qu'elle attribuë cette renonciation ny à la contrainte ny à la defference paternelle, puis qu'on voit dans ses interests & dans ses passions des motifs si pressans qui l'ont portée à la faire. Tout le monde sçait d'ailleurs qu'il n'y a rien de moins probable que ces pretextes à son égard, que Monsieur de Longueville n'a jamais agy envers elle d'une maniere qui le puisse faire soupçonner de l'avoir contrainte ; & qu'elle n'a pas aussi donné lieu de croire qu'elle fust disposée à porter sa defference envers luy au delà des bornes de la justice & de la raison, comme on le peut faire voir par des lettres originales que l'on a entre les mains.

i Ces protestations de personnes majeures contre des actes qu'elles font volontairement, & où il ne paroist pas de lesion enorme, n'ont jamais esté écoutées en Justice, & n'y sont regardées que comme des illusions par lesquelles

quelles aprés avoir fait les choses, parce qu'on y trouve son avantage, on se veut en même temps reserver injustement le pouvoir de les deffaire. On ne pourroit avoir égard à ces protestations sans ouvrir la porte à toutes sortes d'infidelitez, & de tromperies, & sans mettre le trouble & la confusion dans toutes les grandes familles de l'Europe. Mais elles sont sur tout inutiles à l'égard de Neuf-Chastel, où la Coustume autorise les renonciations, & ne permet point qu'on s'en fasse relever, sous pretexte de protestations, à moins qu'on ne les ait fait *valoir en justice, dans l'an & jour qu'elles ont esté faites.*

k Aprés la mort d'Henry d'Orleans, Madame de Longueville sa veuve fust nommée Tutrice des Comtes de Dunois & de S. Paul, par les parens qu'il luy l plust assembler, & fit proceder ensuite à l'Inventaire des biens de cette succession sans y appeler Madame de Nemours.

Du vivant d'Henry d'Orleans le Comte de Dunois son fils aisné s'estoit retiré dans le Noviciat des Jesuites, où même il avoit pris l'habit dans le dessein d'estre Religieux de cette Compagnie; mais peu de temps aprés ayant changé de volonté, il en sortit sans avoir fait Profession.

Quoy qu'il fut rentré dans le siecle, il témoigna neanmoins qu'il vouloit embrasser la profession Ecclesiastique, & dans cette pensée aprés la mort de son pere, il fit une donation au Comte de saint Paul son frere, des parts m & portions qui luy appartenoient dans les Souverainetez de Neuf-Chastel & de Vallengin, en presence des Etats du païs, à la charge de reversion à son profit, en cas de predecez de son frere sans enfans.

k Ces parens, outre ceux du costé maternel, furent du costé de Monsieur de Longueville Henry de Lorraine Duc de Guise, le Duc de Mantoüe, François de Rohan Duc de Soubise, Leonard de Marignon Evêque de Lisieux, Loüis de Rohan Duc de Monbazon, de S. Malo Marquis de Coaquin, Pierre de Gondy Duc de Retz, Albert de Cossé Duc de Brissac, Henry Auguste d'Orleans Marquis de Rothelin, Monsieur de Marignon, Monsieur le Comte de Soissons.

l C'est à Madame de Nemours à dire, qui sont donc ceux qu'elle auroit voulu qu'on y appellast. Car pour les femmes elle sçait bien que l'on n'y estoit point obligé par aucune loix de Justice ny de bien-seance.

m Monsieur de Longueville donna à Monsieur le Comte de S. Paul ce qu'il luy pouvoit donner dans l'Estat de Neuf-Chastel, sans discuter ses droits comme il n'y avoit point d'interest, puis qu'il y renonçoit absolument en faveur de son frere, & que le cas de la reversion qu'il stipuloit arrivant, il y rentroit de plein droit sans que personne luy en pût disputer aucune partie.

La liberalité du Comte de Dunois n'en demeura pas là, car s'étant engagé dans l'Ordre de Prestrise, & ayant quitté le nom de Duc de Longueville, pour prendre celuy d'Abbé d'Orleans, il fit une seconde donation en faveur du Comte de S. Paul, du surplus de ses biens, avec pareille condition de retour, & sans autre reserve que de soixante mil livres de revenu par chacun an.

La Maison de Longueville estoit en cét estat lors que par un malheur estrange l'Abbé d'Orleans qui s'estoit dépoüillé de tous les biens de la fortune, se trouva encore privé de ceux de la nature, il tomba dans une foiblesse d'esprit où plûtost, comme il n'est que trop veritable & trop sensible à Madame de Nemours, dans une imbecilité entiere, en sorte que sur la poursuite de Madame de Longueville il fut interdit par Arrest rendu en la presence du Roy, & la Curatelle de sa personne & de ses biens fut donnée à Madame de Longueville sa mere.

Cette qualité n'a pas esté contestée à Madame de Longueville, mais Madame de Nemours a n pretendu qu'elle ne pouvoit avoir aucun effet pour les Souverainetez de Neuf-Chastel & de Vallengin; cela fit naistre un incident sur lequel le Roy eust la bonté de s'expliquer au bas d'un Placet qui luy fut presenté par Madame de Nemours.

Sa Majesté declara o. qu'elle n'avoit point entendu que les Arrests qui avoient esté donnez en sa presence eussent execution ailleurs que dans son Royaume.

n. Elle l'a pretendu sans exemple & sans raisons contre des exemples & des raisons évidentes, comme on le fait voir dans le Memoire.

o Les termes de la Réponse de Sa Majesté sont, *que les Arrests donnez en son Conseil en sa presence regardent la Iustice que Sa Majesté doit rendre dans l'estenduë de son Royaume.* Ce qui signifie que le Roy n'entend rendre cette Justice que dans l'estenduë de son Royaume, par voye d'autorité qui suppose Jurisdiction.

On n'a jamais aussi pretendu porter plus loin les Arrests de Sa Majesté. Mais les loix communes des peuples qui sont une espece de droit des gens, font que les Tutelles establies en France sont reconnuës, pour les biens scituez dans tous les païs du monde. Et c'est ce que le Roy Charles IX. & Henry III. ont expressément declaré dans leurs Lettres Patentes acordées à Marie de Bourbon mere & Tutrice des enfans de Leonor d'Orleans & d'elle. Aussi les Estats de Neuf-Chastel ont toujours suivy cette loy sans aucune difficulté, & Madame de Nemours en a esté elle-même persuadée, puisque sans cela elle auroit eu autant de droit de disputer à Madame de Longueville aprés la mort de Monsieur de Longueville pere, la Tutelle de Messieurs ses freres à l'égard de Neuf-Chastel, qu'elle pretend d'en avoir de luy contester maintenant la Curatelle. Cependant elle n'y a point pensé, & personne ne s'en est jamais avisé. Tant il a toujours passé pour constant que l'administration de la Souveraineté de Neuf-Chastel appartenoit à ceux ou à celles qui avoient esté legitimement nommez Tuteurs ou Tutrices des Princes de cette Comté, en quelques lieux qu'ils l'eussent esté.

Cette interdiction ne fut pas plûtost prononcée que l'Abbé d'Orleans fust renfermé p dans un Cloistre à cinquante lieuës de Paris, & éloigné de tous ceux qui pouvoient prendre quelque interest en sa personne ; on a eu même q la *dureté* depuis ce temps là de refuser la porte du Monastere à ceux que Madame de Nemours envoyoit pour le visiter, quelques sommations verbales & par écrit qu'ils en ayent pû faire.

r Aprés l'accident survenu à l'aîné de la Maison de Longueville, & son engagement dans l'Eglise, le Comte de saint Paul qui avoit pris le nom de Duc de Longueville, depuis la donation faite à son profit, ne pouvoit plus avoir d'autre pensée que pour Madame de Nemours sa sœur. Ainsi dans la conjoncture de la campagne, où il prevoyoit que le desir de la gloire l'engageroit en beaucoup de perils, il fit un Testament olographe, où il donna à Madame de Nemours la preuve la plus forte & la plus essentielle de son amitié en la nommant son s heritiere.

p Toutes les personnes sages conviendront sans peine qu'il n'estoit pas possible de choisir un lieu plus convenable en toutes manieres à l'état où la Providence de Dieu a permis que ce Prince fust reduit.

q L'Auteur des *Deffenses* auroit dû s'abstenir de ces termes injurieux, pour ne donner pas lieu d'éclaircir ce qui y sert de pretexte. Il n'est pas vray qu'on ait refusé absolument de laisser voir Monsieur de Longueville à ceux que Madame de Nemours y envoyoit pour cét effet. On leur permit la premiere fois non seulement de le voir, mais aussi de luy parler, tant qu'ils le voulurent. Mais ils en userent avec si peu de discretion, qu'on eut même lieu de croire qu'ils avoient contribué à la maladie où il tomba quelque temps aprés. C'est ce qui obligea de changer de conduite, & de ne permettre plus aux Envoyez de Madame de Nemours que de le voir seulement sans luy parler comme on le peut voir dans le procez verbal qu'ils ont eux-même signé.

r Monsieur le Duc de Longueville avoit sans doute pour Madame de Nemours tous les sentimens qu'il devoit, mais ces sentimens ne l'obligeoient point à troubler l'ordre des loix. Aussi n'en a t'il pas eu la moindre pensée. Il avoit trop de lumiere pour ne pas voir qu'il ne pouvoit rien faire pour elle à l'égard de Neuf-Chastel, estant lié par la clause de reversion & par la loy du païs. Et la delicatesse de sa reconnoissance envers Monsieur son frere, à qui il avoit tant d'obligations, ne luy auroit jamais permis, quand il l'auroit pû de le priver d'une qualité qu'il avoit luy-même receuë de luy, & dont les loix ne le privent point.

Il luy arriva ce qu'il avoit pre-vû, il fut tué servant le Roy prés la personne de Monsieur le Prince, & sa mort qui a mis le nom de Longueville dans le tombeau, a fait naistre toutes les divisions qui ont depuis fort eclaté dans le public.

Madame de Nemours qui restoit *seule* t de cette Maison (puisque l'Abbé d'Orleans son frere ne se trouve plus en estat d'en soûtenir la dignité) ne u receut pas de Madame de Longueville tout le traitement qu'elle pouvoit esperer ; il est vray qu'on luy donna avis de l'ouverture du Testament de son frere, mais elle fut faite sans y avoir appelé le Magistrat, dont la personne estoit necessaire en cette occasion, & on ordonna de toutes choses sans luy en faire x aucune part. Madame de Nemours n'en témoigna aucun mécontentement, & par son silence les choses demeurerent jusques-là dans quelque sorte de moderation.

Mais comme par un usage observé de tout temps à Neuf-Chastel, les successeurs à la Souveraineté, ont acoûtumé d'en prendre possession dans les six semaines du jour du deceds du dernier Souverain, Madame de Nemours qui y avoit droit par tant de titres, envoya un Gentil-homme pour satisfaire à cette formalité.

Madame de Longueville en qualité de Curatrice de l'Abbé d'Orleans y envoya pareillement ; & ce fut par cette pretention à la Souveraineté que commença le different, qui depuis a eu des suites si fâcheuses.

f On verra dans son lieu ce que c'est que cette pretenduë nomination d'*heritiere*, on se contente de la nier icy, comme l'Auteur des *Deffenses* se contente de la supposer sans preuves.

t Les loix ne permettant point à Madame de Nemours de se regarder comme *seule* de sa maison, tant qu'elle a un frere, elle devoit éviter d'ajoûter à son estat des duretez que les loix n'y ajoûtent point.

u Madame de Longueville ne croit pas que ce soit icy le lieu de se justifier de la maniere dont elle a agy envers Madame de Nemours, ny qu'elle ait beaucoup besoin à cét égard de justification dans le public, qui est assez informé de son procedé envers Madame de Nemours & de celuy de Madame de Nemours envers elle.

x On a toujours donné à Madame de Nemours toute la part que les loix obligeoient de luy donner, & même davantage, quoy que les suites ayent fait voir, qu'on n'avoit que trop de sujet de se deffier de ses intentions.

Madame de Nemours se contenta d'envoyer le sieur de la Martiniere son Ecuyer, avec y ordre exprés de ne rien entreprendre que dans les regles de la Justice, & par les conseils de ceux qui en estoient instruits.

Madame de Longueville z au contraire y envoya le sieur de Fontenay, qui pretendoit une somme de quarante mil livres que Monsieur le Duc de Longueville luy avoit donnée, & qui ayant pris ses assignations sur les revenus de Neuf-Chastel pour faciliter son payement, fit tout ce que l'interest peut conseiller de plus a violent & de plus passionné.

y L'Auteur des *Deffenses* oublie que la Procuration donnée par Madame de Nemours contenoit un ordre formel de requerir l'investiture, c'est à dire de reconnoistre les Estats pour Juges.

z On ne voit pas trop bien ce que veut dire cét AU CONTRAIRE. *Madame de Nemours*, dit-on, *ordonne à ses Procureurs de ne rien faire que dans les regles*; *& Madame de Longueville* AU CONTRAIRE *y envoya le sieur de Fontenay*. Est-ce que cét envoy du sieur de Fontenay est une preuve que Madame de Longueville ne vouloit rien faire dans les regles? La consequence est assez bizarre. Mais il avoit, dit-on, une assignation de quarante mil livres sur l'Estat de Neuf-Chastel. Que peut-on conclure de là? Cette assignation l'empéchoit-elle d'agir dans les regles? Madame de Nemours n'auroit-elle pas esté obligée d'y satisfaire quand méme elle auroit esté declarée Souveraine de Neuf-Chastel, puis que c'estoit un don de Monsieur son frere dont elle auroit herité? L'Auteur des *Deffenses* devroit avoir vû sans doute que des conjectures si éloignées ne pouvant faire aucun bon effet pour Madame de Nemours, en pouvoient faire un assez mauvais pour elle en donnant lieu de faire reflexion sur la personne de Molondin, qu'elle avoit aussi chargé de sa Procuration, & qui estant animé contre Madame de Longueville pour le Jugement qu'elle avoit rendu en faveur d'une famille qu'il opprimoit, avoit sans doute des motifs plus vifs & plus pressans pour agir contre les regles.

a On verra dans la suite ce que signifient ces termes *de plus violent & de plus passionné*, & l'on sera étonné de l'usage que l'Auteur des *Deffenses* en fait. Il paroist qu'il est du nombre de ceux qui ne font point de scrupule de dire sans preuve, sans raisons, & sans apparence tout ce qu'ils jugent favorable à la cause qu'ils defendent. On ne trouvera rien de semblable dans les Memoires que Madame de Longueville a fait dresser. Car non seulement on n'y dit pas la moindre chose sans preuves, ny sur de simples conjectures, mais l'on se prive même de quantité d'avantages qu'on pouvoit prendre de la conduite de Madame de Nemours, & de celle de ses gens.

b Il y avoit peu d'Officiers qui n'eussent esté mis par feu Monsieur de Longueville pere, ou par Monsieur de Longueville son fils.

c Des plus sages & des plus irreprochables Juges du Royaume, qui ont assisté Madame de Longueville dans le Jugement qu'elle a rendu contre Molondin, ont jugé que c'estoit un homme tres-injuste: Et comme leur témoignage est plus desinteressé que celuy de Madame de Nemours, il y a apparence que le monde sera plus disposé à y deferer, qu'à l'eloge que l'Avocat de Madame de Nemours en fait icy.

d Les pretentions d'incompetence sont des veuës qui sont venuës aprés coup dans la teste de Molondin, & toutes ses premieres démarches n'avoient point d'autre but que d'obtenir la Souveraineté pour Madame de Nemours par le Jugement des Estats.

e Il fit des protestations aprés avoir formellement reconnu les Estats pour Juges, comme on l'a montré dans le Memoire, & il les reconnut encore depuis pour Juges aprés avoir fait ces protestations. Ainsi toute sa procedure n'a esté qu'une suite continuelle de contradictions.

f Il semble à entendre l'Auteur des *Deffenses*, que le delay de trois mois que prirent les Estats pour rendre leurs Jugemens, soit venu du sieur de Fontenay. Si cela estoit, Madame de Nemours auroit grand tort de se plaindre de luy, puis qu'au lieu de la faire condamner sur le champ, comme elle suppose qu'il le pouvoit, il luy auroit donné trois mois à faire ses pratiques dans Neuf-Chastel. On ne vit jamais un tel exemple de moderation, ny rien de plus éloigné de ce caractere emporté & violent que l'Auteur des *Deffenses* luy attribuë. La verité est nean-

Il fut apuyé du pretendu Gouverneur de Neuf-Chastel, des gens du Conseil & des autres Officiers qui estoient dans la dépendance de Madame de Longueville [b] parce qu'elle avoit remply toutes les places de ses creatures pendant l'administration qu'elle avoit eüe du bien de ses enfans.

L'envoyé de Madame de Nemours qui n'avoit dans le païs que le sieur de Molondin homme sage [c] & intelligent, ayant aussitost reconnu le credit & l'autorité que Fontenay avoit sur les gens des trois Estats de Neuf-Chastel qui s'estoient assemblez le 18. Juillet 1672. pour la prise de possession pretenduë de part & d'autre; & sçachant d'ailleurs que les Estats avoient resolu de decider de la Souveraineté, dont ils estoient [d] incompetens, ne les voulut point reconnoistre pour Juges & fit ses [e] *protestations* contre leur entreprise. Fontenay [f] qui n'avoit pas prevû cét incident, estima qu'il estoit assez important pour en donner avis en France, & les Estats de leur part qui n'agissoient que par son mouvement, afin de prendre des mesures plus assurées, remirent la sceance au 17. Octobre suivant.

Pendant ce delay Madame de Longueville envoya à Neuf-Chastel un autre de ses domestiques, qui prit avec Fontenay des resolutions si extraordinaires, &

porta les chosesg à des extrémitez telles qu'on auroit peine à les croire, si elles n'avoient esté publiques.

Le jour estant écheu pour l'assemblée des Estats, l'envoyé de Madame de Nemours se rendit au lieu de la seance, acompagné du sieur de Molondin qui estoit chargé de Procuration de cette Princesse, & aprés en avoir fait la lecture, ce qu'il obtint avec peine, il persista suivant son pouvoir dans ses moyens d'incompetence, dont Messieurs de Berne estoient les Juges establis par les Traitez de Combourgeoisie.

Il n'y avoit rien de plus regulier. h La voye d'incompetēce est de droit, & si elle est permise au moindre des particuliers, à plus forte raison le doit elle estre à une Princesse qui dispute de la Souveraineté, dont les sujets ne peuvent estre Juges.

Cependant au lieu de se rendre à une chose si juste, les envoyez de Madame de Longueville qui estoient les veritables Presidens des Estats, par un emportement indigne des personnes qu'ils representoient, & du lieu où ils estoient, i s'écrierent en presence de tout le peuple, qu'il falloit assommer le sieur de Molondin, ennemy de la Souveraineté & de ses privileges, adjoustant à cette violence des injures & des clameurs qui tendoient à sedition.

moins qu'on donne en ce point au sieur de Fontenay une loüange qu'il n'a pas meritée. Il ne tint pas à luy que l'on n'adjugeast sur le champ à Madame de Longueville l'investiture qu'il demandoit. Ce furent les Estats qui prirent eux-mêmes ce delay, & qui témoignerent bien par là qu'ils n'agissoient point par des mouvemens étrangers.

g L'Auteur des *Deffenses* veut étonner le monde par de grands mots, qui forment des idées terribles. Mais la suite fera voir que *ces extrémitez qu'on aura peine à croire, & ces resolutions extraordinaires*, ne sont que des chimeres ou de pures calomnies.

h La Jurisprudence de l'Auteur des *Deffenses* est admirable. Il pretend qu'on peut toûjours alleguer les voyes d'incompetence, & qu'estant alleguées, les Juges ne peuvent passer outre au Jugement : Mais si cela est, il est impossible de terminer jamais aucun different. Car on n'aura qu'à protester d'incompetence contre tout Juge Souverain qui le voudra decider. Il est donc au contraire de l'essence de tout Estat Souverain, qu'il y ait des Juges qui establissent souverainement leur competence, & qui jugent ensuite du fond en dernier ressort. Or il n'y en avoit point d'autres dans celuy de Neuf-Chastel que les trois Estats, aprés la suppression des Audiences generales dont le pouvoir fut transmis à ces trois Estats, en 1618. comme il sera ditailleurs. Ainsi ce procedé que l'Auteur appelle *regulier*, renverse les fondemens de toutes les regles des hommes, & détruit tous les liens de la societé civile en ouvrant la porte à des divisions sans fin & sans remede.

i L'on pourroit faire ressouvenir l'Auteur des *Deffenses* que les informations de ce qui s'est passé au Landron, font voir que les gens de Madame de Nemours sçavent faire plus que des menaces. Mais on se contente de luy dire que cét article se détruit de soy-même. Car si les Agens de Madame de Longueville eussent esté, comme il dit, *Presidens des Estats*, ils n'avoient que faire de ces clameurs, puis qu'ils eussent eu en main l'autorité pour punir les attentats de Molondin. Mais quoy qu'ils le ne fussent pas, ils n'avoient neanmoins aucun besoin de ces moyens, puis qu'ils avoient les voyes de la Justice ouvertes. Ce furent aussi celles qu'ils prirent, ils demanderent justice aux Estats dans les formes contre Molondin, & ils l'obtinrent, comme on l'a fait voir dans les Memoires.

k On a refuté dans le même Memoire ce vain pretexte du droit des gens qui n'oste point aux Souverains le droit de punir les attentats de leurs sujets en de pareilles occasions.

l On ne s'arreste pas à refuter en détail toutes les vaines & fausses circonstances qu'on a mélées dans ce recit. On remarquera seulement que l'Auteur des *Deffenses* confond toûjours par un artifice peu sincere le sieur de la Martiniere avec Molōdin, au lieu qu'on les a extrémement distinguez à Neuf-Chastel. On n'y a rien ordonné contre le sieur de la Martiniere, parce que n'estant pas sujet des Estats, on n'a consideré en luy que la qualité d'Agent de Madame de Nemours, pour laquelle on a eu tous les égards qu'on devoit. Mais on n'a pas crû en devoir user de même envers Molondin, parce que la qualité d'Agent ne luy ostoit pas celle de sujet qui le rendoit justiciable des Magistrats de cét Estat.

m L'Auteur des *Deffenses* attribuë sans raison aux gens de Madame de Longueville une action juridique & reguliere ordonnée par les Estats & executée par les ordres du Gouverneur, qui se reduisoit à obliger Molondin à demeurer dans sa maison jusqu'à ce qu'on luy eust prononcé son Arrest.

n Non seulement il n'y a point d'inconvenient que des Juges uniques

Cét acte d'hostilité qui blessoit le droit [k] des gens surprit si fort les sieurs de Molondin & de la Martiniere, qu'ils n'eurent point d'autre conseil à prendre que celuy de se retirer, [l] ce qu'ils firent toutesfois avec peine; la porte même leur ayant esté disputée.

[m] Les gens de Madame de Longueville ne se contenterent pas d'un traitement si extraordinaire, ils firent suivre ceux de Madame de Nemours, avec ordre de les arrester dans leur hostellerie, jusqu'à ce que le pretendu Jugement rendu par les Estats leur eust esté prononcé, ce Jugement donne l'investiture de cette Souveraineté à Madame de Longueville en qualité de Curatrice de l'Abbé d'Orleans, & condamne le sieur de Molondin à un bannissement perpetuel avec confiscation de tous ses biens au profit de la Seigneurie. L'injustice & la nullité de ce Jugement se font assez connoître; adjuger une Souveraineté au prejudice [n] de l'incompetence proposée

proposée & o sans connoissance de cause, & prononcer sans aucune forme de procez une p condamnation capitale contre une personne qualifiée qui n'agissoit q que comme Procureur de la Souveraine, c'est ce qui n'a jamais eu d'exemple dans aucune nation du monde.

Cependant il s'est trouvé des apologistes de ce bel ouvrage, & l'on a fait paroistre un Memoire qui en contient la deffense, on examinera dans la suite les raisons de cette apologie.

Aprés cette derniere insulte l'envoyé de Madame de Nemours estant revenu en France, r elle prit resolution d'aller en personne sur les lieux pour solliciter la Justice de Berne & y faire declarer les Estats de Neuf-Chastel incompetens.

Mais dans le temps qu'elle se disposoit pour partir, elle fut sur-

& Souverains, comme l'estoient les Estats de Neuf-Chastel adjugeassent la Souveraineté sans avoir égard à cette pretenduë incompetence, mais c'est une necessité absoluë que tout Juge Souverain en use de cette sorte, & sans cela on ne sçauroit même s'imaginer qu'on puisse terminer aucun different, ny mettre aucun ordre parmy les hommes.

o Il n'est point vray que ce Jugement ait esté prononcé sans connoissance de cause, c'est à dire sans que Madame de Nemours ait esté entenduë. Le sieur de la Martiniere ayant representé aux Estats toutes ces raisons. Et quand cela seroit, ce seroit la faute de Madame de Nemours de ne s'estre pas deffenduë, & d'avoir eu recours à ce vain pretexte d'incompetence. C'est encore un droit essentiel à tous les Juges de passer à la decision des differens, quoy qu'une des parties ne veüille pas se deffendre devant eux. Et l'on ne sçauroit leur oster ce droit sans renverser tout l'ordre du monde.

p Il n'y a rien eu aussi que de regulier dans le Jugement rendu contre Molondin. Il n'estoit pas besoin de temps pour s'assurer de ces attentats, ils avoient esté faits à la veuë des Juges assemblez. Il ne restoit donc qu'à deliberer de la punition qu'il meritoit, ce qui ne demandoit pas beaucoup de temps.

q La qualité d'Agent d'une Souveraine pretenduë ne luy donnoit nullement droit d'agir contre son veritable Souverain, ny contre les privileges de l'Estat, & n'ostoient point le droit à l'un ny à l'autre de l'en punir. Enfin la punition qu'on a ordonnée contre luy est telle, qu'il n'y a point de Prince au monde qui n'en usast de même contre un sujet rebelle qui auroit voulu le dépoüiller de sa Souveraineté, & changer tout l'ordre de son Estat.

r Il a paru qu'elle ne s'est pas beaucoup hastée d'aller à Berne, & que sa principale intention estoit de se saisir de l'Estat de Neuf-Chastel par voye de fait. Messieurs de Berne qui ont sollicité autrefois afin que des differens de cette nature fussent renvoyez aux Estats de Neuf-Chastel, auroient esté sans doute bien éloignez de leur vouloir ravir leur autorité.

ſ On n'apella point Madame de Nemours à la vente des meubles pour des raiſons qui ont paru bonnes à Meſſieurs du Parlement, qui ſont des Juges plus équitables & plus deſintereſſez que l'Auteur des *Deffenſes*. Elle ne pouvoit pretendre d'y aſſiſter que parce qu'elle eſtoit tenuë d'une partie des debtes, à cauſe du quart de l'Hoſtel de Longueville dont elle eſtoit heritiere : Et l'on s'eſtoit reſolu d'acheter la paix, & de ſe redimer des troubles que le Conſeil de Madame de Nemours auroit pû cauſer dans les affaires de cette ſucceſſion, en la déchargeant de cette partie de debtes. Cét expedient parut ſi juſte à Meſſieurs du Parlement, que Madame Nemours fut déboutée de cette pretention.

La neceſſité de cét Arreſt paroiſt encore plus par les plaintes que Madame de Nemours continuë d'en faire, puis qu'eſtant par là hors d'intereſt, & recevant même un avantage conſiderable, elle n'y peut trouver à redire que par l'envie de broüiller les affaires de cette ſucceſſion ; & c'eſt proprement ce que le Parlement a crû devoir empécher.

t Il n'y a eu aucunes fuites dans les procedures que de la part des gens de Madame de Nemours, comme il ſeroit aisé de le faire voir en détail, ſi la choſe le meritoit.

u Ces reproches auſſi injurieux à Meſſieurs du Parlement, qu'à ceux qui font les affaires de Madame de Longueville, ne meritent d'eſtre repouſſez, qu'en diſant que ces offres ont paru raiſonnables au Parlement, à qui il appartenoit d'en juger, & qu'il eſt cõtre l'ordre que ceux qui ont perdu leur procez ayent la hardieſſe de prononcer dans des écrits particuliers des Arreſts contre leurs Juges.

priſe d'aprendre par un Placart qu'on avoit attaché à la porte de l'Hoſtel de Soiſſons, qu'on procedoit à la vente des meubles de la ſucceſſion du Duc de Longueville ſon frere [f] ſans ſa participation : & voyant que par la procedure qu'on faiſoit en France elle n'eſtoit pas mieux traitée en ſa perſonne qu'en celle de ſes envoyez ; elle crut qu'elle ne devoit plus diſſimuler, & qu'il eſtoit neceſſaire de repouſſer l'injure par les voyes de la Juſtice.

Elle preſenta ſa Requeſte pour demander qu'il fut procedé en ſa preſence à l'Inventaire des meubles & effets de cette ſucceſſion, & cependant que deffenſes fuſſent faites de continuer la vente qui en avoit eſté commencée.

Il n'y a point de [t] fuites que les gens de Madame de Longueville n'ayent mis en uſage pour éloigner le jugement d'une pretention ſi legitime : ce qui obligea Madame de Nemours, qui eſtoit preſſée de faire le voyage de Neuf-Chaſtel, aprés avoir obtenu la permiſſion du Roy, d'en laiſſer la conduite à ceux qui prenoient le ſoin de ſes affaires.

Il n'y eut pas [u] moins de ſurpriſe dans le jugement de ce procez qu'il y avoit eu de longueurs dans la procedure. On y fit des offres ſur le bureau ſans les avoir ſignifiées, & il n'y eut pas une des formalitez de la Juſtice obſervées.

x On ne fust pas même plus religieux dans l'expedition de l'Arrest. On signifia des qualitez contre l'ordre, & les termes qui pouvoient en empescher la consequence furent supprimez.

Madame de Nemours n'a cuse personne d'une conduite si extraordinaire. Mais quelques soins qu'on ayt pris à l'Hôtel de Longueville d'en excuser les Auteurs, on ne persuadera pas facilement qu'il n'y ait eu que de la faute du Greffier, où de l'inadvertance du scribe.

Pendant que les gens de Madame de Longueville agissoient à Paris avec si peu d'égards contre Madame de Nemours, ce qui se passoit en Suisse estoit bien plus violent; quand on eut apris qu'elle estoit partie pour ce voyage, acompagnée seulement de ses domestiques, qui n'estoient pas apparemment en estat de faire la guerre, on ne laissa pas d'envoyer à Neuf-Chastel une personne de Commandement pour luy y en empescher l'entrée. L'ordre en fut donné au sieur de S. Micaut, qui estoit un homme attaché aux interests de Monsieur le Prince, & Lieutenant dans le Chasteau de Dijon.

x Il faut estre bien dépourveu de bonnes raisons pour s'arrester à une bagatelle comme celle-là. De diverses copies de cét Arrest qui furent expediées, il y en avoit une où il manquoit quelque chose pour les qualitez, qui ne manquoit pas dans les autres. Une de ces copies corigeant l'autre, & toutes estant redressées par l'original, il est visible qu'on ne pouvoit avoir voulu tirer avantage de cette omission, & par consequent qu'il estoit impossible qu'elle eust esté faite volontairement. Il y avoit même dans le dispositif de l'Arrest une clause expresse qui suppleoit à celle qui estoit obmise, & qui détruisoit l'avantage qu'on en eût pû tirer. Car la Cour y prononçoit, *Sans prejudice du droit des parties*. Ainsi on n'a pas grande obligation à Madame de Nemours de ce qu'elle fait dire à son Avocat, *qu'elle n'acuse personne de cette conduite*. Elle ne fait en cela que satisfaire à un devoir de justice. Mais on a quelque sujet de se plaindre, de ce qu'aprés avoir protesté qu'elle n'accuse personne de cette omission, elle ajoute, *qu'on ne persuadera pas facilement qu'il n'y ait eu que de la faute du Greffier, ou de l'inadvertance du scribe*. Par où elle a marqué qu'elle pretend que cette omission ait esté faite de dessein & de concert. C'est à dire, qu'elle n'accuse pas les gens de Madame de Longueville de l'avoir faite, mais qu'elle tâche de le faire croire. C'est à l'Auteur des *Deffenses* à nous dire la difference de ces deux choses.

y Que pouvoit-on moins faire que d'empécher à Madame de Nemours l'entrée de l'Estat de Neuf-Chastel? Est-ce qu'il falloit luy laisser faire ses cabales à son aise, gagner le menu peuple par argent & par festins, & mettre tout en un desordre, qui n'auroit pû estre appaisé que par des moyens violens?

z On ne s'arreste pas à tous ces termes de l'Auteur des Deffenses, *que le sieur de S. Micaut se voulut signaler par de nouvelles violences, qu'il intimida les sujets, qu'il vint des menaces aux effets.* Tout cela ne veut dire autre chose dans son langage, sinon que le sieur de saint Micaut donna ordre qu'il y eust quelque milice preste pour empécher les entreprises de Madame de Nemours. Qu'y a-t-il en cela qui ne soit dans l'ordre de la Justice, & dans la pratique de tous ceux qui possedent des Estats Souverains, & qui ne fut même avantageux à Madame de Nemours, puis qu'on l'empéchoit par là de s'engager dans des entreprises injustes, dans lesquelles elle n'auroit pas reüssi, mais qui auroient eu pourtant des suites funestes pour elle, qu'il estoit important de prevenir.

a Les peuples acourent facilement à ceux qui leur donnent de l'argent, & leur font des festins ; mais ces moyens qu'on employe pour les faire soûlever contre leur Souverain, & contre les Magistrats, ne peuvent passer que pour des cabales seditieuses. Ce n'est pas qu'avec tous ces petits moyens Madame de Nemours fust en estat de reüssir, dans ses desseins, ayant contre elle generalement tous les Corps, toute la milice, tous les Officiers : mais elle auroit pû porter les choses à de fâcheuses extrémitez, que le Roy a empéchées en la rappellant en France.

b Il n'y avoit donc aucuns gens de bien dans tous les Corps & dans tous les Officiers de cét Estat, aucun ne s'estant declaré pour elle.

c Il est étrange que l'Auteur des *Deffenses* n'ait point eu honte d'attribuer au Ciel un assassinat detesta-

z Ce dernier se voulant signaler par de nouvelles violences, aussi-tost qu'il fust à Neuf-Chastel, commença par intimider les sujets de cette Souveraineté, & ne se contentant pas des paroles & des menaces en vint aux effets, leva des troupes, fit publier des Ordonnances qui declaroient criminels de leze-Majesté ceux qui auroient correspondance avec Madame de Nemours, fit faire des deffenses à peine de la vie de la laisser entrer dans les terres de la Souveraineté de Neuf-Chastel, avec ordre de luy courir sus en cas qu'elle voulut l'entreprendre, se saisit de tous les portes par où elle pouvoit passer, y mit des gens d'armes, & a enfin luy-même se jetta dans le Landron qui est une petite ville du Comté, à une heure de chemin de la Neuf-ville, où Madame de Nemours estoit arrivée.

Madame de Nemours de sa part recevoit avec beaucoup d'humanité tous les peuples de Neuf-Chastel qui acouroient en foule pour la saluër, & qui lassez des mauvais traitemens de saint Micaut, la solliciterent avec les derniers empressemens d'aller à Neuf-Chastel pour calmer par sa presence les troubles de l'Etat. b Tous les gens de bien entrerent dans ce party, & le c Ciel même ennemy de la violence se declara en sa faveur.

Saint

Saint Micaut qui menaçoit les Bourgeois du Landron du fer & du feu s'ils prenoient les interest de la Princesse, par un effet de sa mauvaise conduite c se trouva acablé dans une Ville dont il s'estoit rendu le maistre, & il fut tué au milieu de gens armez qu'il commandoit, sans que l'auteur de cette mort ait pû estre découvert jusqu'à present, quelque perquisition qui en ait esté faite.

Quoy d que cette action ne doive estre attribuée qu'à la seule violence de saint Micaut, il se trouva des gens qui porterent le mensonge & la calomnie jusqu'à en acuser Madame de Nemours.

On ne se contenta pas de faire courir des bruits si contraires à la verité, & si éloignez même de la vraye semblance. On dépescha des Couriers à la Cour e pour décrier auprés du Roy le procedé de Madame de Nemours. Mais Sa Majesté estoit trop persuadée de sa conduite pour prendre de semblables impressions.

Cét accident ne laissa pas toutefois de produire l'effet qu'on pouvoit souhaiter à l'Hôtel de Longueville; Madame de Nemours ayant esté obligée pour obeïr aux ordres du f Roy, de revenir en France dans le temps que les choses estoient disposées à Neuf-Chastel à luy donner toute la satisfaction qu'elle pouvoit attendre.

ble qui a fait horreur à toute la Suisse, & à toute la France, & qui a porté même Sa Majesté à faire revenir Madame de Nemours, à cause des suites qu'il pouvoit avoir.

c Ne semble-t-il pas à entendre le recit de l'Auteur des *Deffenses*, que le sieur de saint Micaut ait esté tué par un Ange, tel que celuy qui fit perir en une nuit l'armée de Sennacherib. *Le Ciel*, dit-il, *se declara pour Madame de Nemours. Le sieur de saint Micaut se trouva accablé. Il fut tué au milieu de gens armez qu'il commandoit, sans que l'auteur de cette mort ait pû estre découvert jusqu'à present.* Mais les Informations font voir que cét Ange meurtrier ressembloit merveilleusement aux gens de Madame de Nemours.

d On n'a point attribué cette action à Madame de Nemours, & elle n'a que des sujets de se loüer de la maniere dont on en a usé jusques icy en son endroit, bien loin qu'elle ait sujet d'en faire des plaintes.

e Sa Majesté sçait de qu'elle sorte on luy a parlé de cette affaire, & de qu'elle reserve on a usé, pour n'en pas charger Madame de Nemours.

f Cét ordre estoit le plus grand bien qui pust arriver à Madame de Nemours dans l'estat où elle avoit mis les choses à Neuf-Chastel, & dans la disposition où elle estoit de s'engager en des entreprises qui n'auroient pû estre que malheureuses pour elle.

g Quand on aura retranché de ce recit, ce que l'Auteur des *Deffenses* y a ajoûté sans preuves & contre la verité: Quand on y aura ajoûté ce qu'il y a obmis artificieusement: Quand on aura restably ce qu'il y a alteré & déguisé, il pourra devenir propre à faire connoistre ce different.

h La qualité de fille qui a renoncé dans les formes les plus exactes à la succession de son pere & de ses freres en faveur du survivant, celle de sœur d'un frere qui n'avoit le Comté de Neuf-Chastel, qu'avec la condition du retour, celle d'heritiere d'un quart de l'Hostel de Longueville, sont trois mauvais titres pour pretendre une Souveraineté, où les filles ne peuvent avoir droit quand il y a des mâles, & cela contre un jugement Souverain.

i Toutes ces autres contestations ont esté terminées par le jugement des Estats de Neuf-Chastel, qui ont jugé qu'aucune de ces qualitez ne donnoient droit sur cét Estat à Madame de Nemours, & qu'il appartenoit uniquement & totalement à Monsieur de Longueville. Elle pretend qu'ils estoient incompetens pour en juger. On pretend le contraire. C'est dequoy il s'agit, & c'est aussi dequoy le Roy a bien voulu estre arbitre.

k Il n'est point icy question de ce Memoire ou Manifeste, comme on l'a déja dit. Madame de Longueville ne l'a jamais produit ny employé. Que l'Auteur des *Deffenses* s'exerce s'il veut à le refuter en particulier; mais qu'il ne pretende pas faire de la refutation de cét écrit une piece juridique, ny supposer en l'air, que les moyens que Madame de Longueville peut alleguer contre les pretentions imaginaires de Madame de Nemours, sont reduits à ceux qui sont contenus dans cét écrit.

Madame de Nemours a crû qu'elle devoit g faire le recit de ce qui s'estoit passé dans la maison de Longueville à son égard, non seulement pour rendre comte au Roy de son procedé, mais même pour luy faire connoistre les injures & les torts qui luy ont esté faits, & dont elle pretend la reparation.

Il est facile de comprendre par la simple exposition du fait les droits que Madame de Nemours peut avoir sur les biens de cette Maison. h Elle est fille & par consequent heritiere d'Henry d'Orleans son pere. Elle est sœur & en cette qualité habile à succeder à Charles Paris d'Orleans son frere. Elle est encore heritiere instituée par son Testament, & en toutes ces qualitez les Souverainetez de Neuf-Chastel & de Vallengin luy doivent apartenir. i C'est la contestation dont il s'agit presentement, & dõt le Roy a voulu estre informé.

Tous ces titres neanmoins qui concourent en sa personne & rendent son droit incontestable, n'ont pas laissé d'estre differemment combattus par ce k Memoire dont il a esté parlé.

On oppose au droit que la naissance luy donne dans les successions de son pere & de son frere, quelle a renoncé à toutes les deux par son Contract de mariage.

On soûtient même, que quand Madame de Nemours pourroit

succeder, deux choses l'excluroient également des Souverainetez de Neuf-Chastel & de Vallengin ; l'une que ces Souverainetez de leur nature sont indivisibles, & l'autre que les femmes sont incapables de les posseder.

On luy conteste pareillement la qualité d'heritiere instituée de Charles Paris d'Orleans son frere, & l'on pretend qu'il n'y à aucune disposition en sa faveur.

On adjouste qu'en tout cas elle seroit inutile pour ces Souverainetez qui doivent retourner à l'Abbé d'Orleans, par la condition apposée dans la donation qu'il en avoit faite à son frere.

On fait enfin l'éloge du Jugement de Neuf-Chastel que l'on pretend avoir terminé la contestation presente. C'est à toutes ces m objections qu'il faut répondre & examiner,

n Premierement de quelle consideration doit estre la renonciation faite par Madame de Nemours dans son Contract de mariage, & quel effet elle peut produire.

2. Si les Souverainetez de Neuf-Châtel & de Vallengin sont indivisibles.

3. S'il est vray que Madame de Nemours n'y puisse rien pretendre à cause de son sexe.

4. Si elle n'a pas esté veritablement instituée heritiere par le Testament de Charles Paris d'Orleans son frere.

5. Si la reversion stipulée par la donation faite à Charles Paris d'Orleans peut servir à l'Abbé d'Orleans son frere.

l L'Avocat de Madame de Nemours ne se contente pas d'attaquer un écrit non avoüé, il fait dire même à cét écrit ce qui n'y fut jamais, pour avoir lieu de le combattre avec avantage. Où trouvera-t-il qu'on y ait soustenu que les filles estoient totalement excluës de la Souveraineté de Neuf-Chastel. On a dit qu'elles en estoient excluës en concurrence des mâles, c'est tout ce qu'on a avancé sur ce sujet.

L'Auteur se met de son autorité propre en possession de la raison & de la justice, & sans se souvenir qu'il a un Jugement Souverain contre luy, & qu'il n'a encore rien prouvé; il traite tout ce qu'on luy peut opposer d'*objections* : C'est à peu prés ce que Madame de Nemours auroit voulu faire. Elle pretendoit s'emparer par voye de fait de l'Estat de Neuf-Châtel, sans se mettre en peine des Jugemens qui l'avoient condamnée ; & traiter ensuite ceux qui auroient demandé justice contr'elle, de gens qui l'auroient voulu deposseder de son bien.

n Il ne s'agit point icy de toutes ces autres questions, elles sont toutes decidées par le Jugement des Estats de Neuf-Chastel: L'Auteur en devoit donc faire voir d'abord la nullité, pour avoir droit de parler de ces autres points. Et ainsi c'est un renversement visible de l'ordre de la raison, de n'avoir fait la question de la competence de ces Estats que la derniere de ces questions. Mais comme on n'est pas obligé de le suivre dans ce desordre, on redonnera dans cette Réponse à cette question la place qu'on ne devroit pas luy avoir ostée.

6. Si le pretendu Jugement de Neufchastel est valable, & s'il peut produire quelque effet.

Six questions qui serviront de réponse à toutes les objections du Memoire, & qui establiront les droits de Madame de Nemours.

REPONSE A UN ECRIT INTITULÉ

Deffenses des droits de Madame de Nemours pour les Souverainetez de Neuf-Chastel & de Vallengin.

SECONDE PARTIE.

Contenant la réponse à la sixiéme question, sur la competence des trois Estats de Neuf-Chastel.

Ecris pour Madame de Nemours.

SIXIÉME QUESTION.

Si le pretendu jugement de Neuf-Chastel est valable & peut produire quelque effet.

a ON ne manquera pas de se servir de la part de Madame de Longueville du Jugement rendu par les Estats de Neuf-Chastel le 17. Octobre 1672. mais aprés ce qui en a esté dit dans le fait, il n'est pas difficile de faire voir qu'il n'y eut jamais de jugement plus irregulier dans la forme, ny plus injuste dans le fonds.

A l'égard de la forme, les

REPONSE.

a IL n'étoit pas mal-aisé de deviner, qu'on se serviroit d'un Arrest decisif Souverain qui a terminé tout ce different. C'estoit ce qui devoit obliger l'Auteur des *Deffenses* à commencer par là; puisque si ce jugement subsiste, il est visible que tous ces longs discours qu'il a faits dans ses *Deffenses*, sont absolument inutiles. C'est pourquoy pour reduire les choses au veritable ordre nous examinerons d'abord cette sixiéme question, parce qu'elle contient tout ce qui fait le sujet du different, dont Sa Majesté a bien voulu prendre connoissance.

Estats pretendus de Neuf-Chastel prononcent sur un des plus importantes questions qui ayent paru dans aucun Tribunal du monde, puis qu'il s'agit d'une Souveraineté, & cependant ils prononcent sans [b] connoissance de cause & au prejudice d'une incompetence proposée par Madame de Nemours.

[c] Ce moyen qui est de droit rend les Juges sans pouvoir jusques à ce que leur jurisdiction soit establie, [d] il estoit necessaire de prononcer sur ce point avantque de pouvoir juger le principal, & neanmoins les Estats de Neuf-Chastel, où plûtost les gens de Madame de Longueville, decident cette [e] grande question, & contre toutes les regles, passent pardessus celle qui estoit seulement à juger.

b Cette raison par laquelle on attaque icy le Jugement de Neuf-Chastel, n'est vraye ny dans le fait, ny dans le droit.

Il n'est point vray dans le fait, que le Jugement des trois Estats ait esté rendu sans connoissance. Le sieur de la Marriniere y a fait deux fois lecture d'un Memoire justificatif des pretentions de Madame de Nemours, & toutes les pieces sur lesquelles elle se fonde, y ont esté examinées.

Il n'est point vray dans le droit, que des Juges ne puissent *prononcer sans connoissance de cause*, c'est à dire, comme il l'entend, sans qu'une des parties ait produit, lors que cela n'arrive que par le refus opiniâtre & injuste que cette partie fait de les reconoître pour juges. On n'a jamais douté que tous Tribunaux, & à plus forte raison les Souverains n'eussent ce pouvoir, & on ne les en pourroit priver, sans leur oster tout moyen de terminer aucun different.

c L'Auteur des *Deffenses* renouvelle encore icy sa maxime inoüie, qu'il suffit de proposer l'incompetence pour lier les mains aux Juges, & leur oster tout pouvoir: ce qui va à un renversement entier de la societé civile: mais il ne faut que le rappeller à la pratique de tous les Juges du monde pour luy faire connoître son illusion. S'il y avoit fait reflexion, il auroit reconnu que les Juges, tant inferieurs que Souverains, n'ont point les mains liées par la seule proposition d'incompetence. Les uns & les autres ont droit de juger leur competence, & passer outre ensuite au Jugement du fond. Il y a seulement cette difference, que si la proposition d'incompetence contre le Juge inferieur paroist juste au Juge Superieur, il casse & annulle la Sentence de l'inferieur, & declare qu'elle a esté donnée sans pouvoir. Mais quand on propose l'incompetence contre des Juges Souverains, aprés qu'ils ont jugé leur competence, ils decident le fond sans qu'il y ait lieu d'en appeler, ny de se pourvoir contre leur Jugement, sous pretexte d'incompetence. Et cét ordre est si necessaire dans le monde, que sans cela il n'y auroit que confusion & que desordre. Ainsi Madame de Nemours ayant protesté d'incompetence contre les trois Estats de Neuf-Chastel, qui sont Souverains, & les trois Estats aprés avoir jugé leur competence, l'ayant deboutée de ses pretentions, il n'y a plus de retour pour elle, & le moyen d'incompetence ne peut plus estre allegué.

On peut ajoûter, que quand même les choses seroient au même estat qu'elles estoient avant 1618. que l'on pouvoit appeller aux Audiences generarales des Jugemens des trois Estats, lors qu'il s'agissoit des fonds, leur Jugement de competence, seroit devenu Souverain en ce temps-là même, faute d'en avoir appellé & signifié l'appel dans les dix jours, comme la Coûtume l'ordonne expressément, à peine d'estre décheu de l'appel, suivant le decret des Audiences generales de 1537. & l'attestation de la Coûtume du 30. May 1666.

Enfin on a fait voir qu'elle avoit elle-même détruit cette pretenduë incompetence par plusieurs actes anterieurs & posterieurs qui auroient suffi pour rendre les Estats competens, quand ils ne l'auroient pas esté par eux-mêmes.

d Si l'Auteur des *Deffenses* veut dire qu'il estoit necessaire que la proposition d'incompetence fût jugée par un autre Tribunal; c'est encore la même erreur que nous venons de refuter: Et s'il veut marquer seulement qu'il estoit necessaire aprés cette proposition d'incompetence, que les Estats jugeassent leur competence; il ne dit rien du tout, car c'est proprement ce qu'ils ont fait, la competence des Estats ayant esté jugée par les Estats mêmes dés le 23. Juillet 1672.

e Ou ces paroles de l'Auteur des *Deffenses* n'ont point de sens, où elles signifient que les trois Estats de Neuf-Châtel ont decidé le fond, qui est *cette grande question*, sans decider celle de leur competence; & ainsi elles contiennent une fausseté visible, les Estats ayans decidé leur competence trois mois avant que de decider le fond, comme on le peut voir dans le Jugement de Neuf-Chastel qui est imprimé.

f Mais on soûtient d'avantage que les Estats de Neuf-Chastel ne pouvoient pas méme prononcer sur la competence, parce qu'il n'y a que les Juges Souverains qui la puissent establir. Ces Estats n'ont point cette qualité, & quand ils l'auroient; ce ne seroit pas dans le cas particulier dont il s'agit.

f Les Juges Souverains establissent souverainement leur competence, & ceux qui ne le sont pas ne laissent pas de l'establir, quoy que non souverainement: les pretentions de Madame de Nemours sont également détruites par l'une & par l'autre de ces hypotheses. Car les Estats de Neuf-Chastel estans Souverains, comme on l'a fait voir, ils ont pû establir leur competence souverainement, & par consequent decider ensuite le different touchant le fond en dernier ressort. Et quand ils ne le seroient pas, elle ne seroit plus dans le temps de s'en plaindre, comme il vient d'estre dit.

Par les Traitez de Combourgeoisie entre l'Estat de Berne, & celuy de Neuf-Chastel; le Conseil de Berne est seul Juge des differens qui peuvent naistre entre les Souverains de Neuf-Chastel & leurs *g* sujets. Or Madame de

g Pourquoy quand il s'agit d'un acte dont la force dépend des termes precis, les falsifie-t'on en les rapportant? Est-il dit, dans les Traitez de Combourgeoisie que le Conseil de Berne sera Juge des differens qui peuvent naistre entre les Souverains *& leurs sujets*? Non. Il est dit *entre les Souverains & les Bourgeois tant internes, que forains, de la ville de Neuf-Chastel*. Nous verrons dans la suite si ces Bourgeois *tant internes que forains*, comprennent tous les sujets, & nous ferons voir qu'il n'y eut jamais de pensée moins raisonnable. Mais en attendant, que l'Auteur des *Deffenses* restablisse les propres termes, & qu'il ne les change pas sous pretexte du sens qu'il y donne.

h L'Auteur des *Deffenses* se plaît à renverser les notions communes par des idées extraordinaires. On n'a jamais dit jusques icy, que lors qu'une des parties qui contestent devant des Juges, s'avise de les declarer incompetens, les Juges pour cela deviennent parties. Autrement tous les Juges auroient bien des procez, si l'on pretendoit qu'ils en eussent contre tous ceux qui les recusent comme incompetens.

C'est aux parties à faire juger cette incompetence quand il y a lieu. Mais l'on ne dit pas pour cela que ceux qui l'alleguent soient en different & en procez avec les Juges. Et par cette maxime constante, il est clair que Madame de Longueville & Madame de Nemours sont les seules parties dans ce different: que les trois Estats de Neuf-Chastel ne le sont point, & ne le peuvent estre; & qu'ainsi Madame de Nemours n'a ny raison, ny pretexte de le porter devant Messieurs de Berne.

Nemours qui a droit à la Souveraineté soûtenoit contre les Estats qui en sont les sujets, qu'ils ne pouvoient pas connoistre du different qu'elle à avec Madame de Longueville. N'est-ce pas là une contestation formée entre le Souverain de Neuf-Chastel & ses sujets, laquelle par consequent aux termes de la Combourgeoisie ne peut estre decidée que par le Tribunal de Berne.

L'Auteur du Memoire ne disconvient point de ces Traitez, mais il pretend que ce n'en estoit pas le cas, parce que Madame de Nemours n'est pas Souveraine, & qu'elle n'avoit pas de procés avec les Bourgeois de la ville de Neuf-Chastel: *i* que quand bien on conviendroit du different avec les Estats qui representent la Souveraineté, ce ne seroit pas aux termes des Traitez qui ne parlent que des habitans de la ville de Neuf-Chastel en particulier.

i Mais quand mêmes les Estats seroient parties, ce ne seroit pas encore le cas de la Combourgeoisie, qui donne droit de porter les differens à Berne. Car il y a une difference sensible & palpable entre le pouvoir de juger des differens qui arrivent entre les Souverains & les sujets, & celuy de juger si tel & tel est Souverain legitime, & si la Souveraineté luy appartient. Ce sont deux natures de causes tres distinctes. La premiere appartient à Messieurs de Ber-

ne

ne par la concession des Comtes de Neuf-Chastel. Mais la seconde ne leur appartient nullement : les Princes n'ayans point pretendu les rendre Juges s'ils estoient, ou s'ils n'estoient pas Souverains, ny leur donner droit de leur oster leurs Estats. Il est donc visible que la concession de ces Princes ne se doit entendre que des procez qui naissent entre les Bourgeois de Neuf-Chastel, & des Princes reconnus, & non de ceux où il s'agit de la Souveraineté même.

k On jugera bien que cette objection est plus subtile que raisonnable ; car de pretendre que Madame de Nemours n'est pas Souveraine, c'est le procés, en croira-on l'auteur à sa parole ? ce seroit juger la question si ce moyen l estoit pertinent. Mais de faire une difference des Bourgeois de la ville de Neuf-Chastel d'avec le reste des sujets de la Souveraineté, c'est ce qui ne se peut dire raisonnablement.

m Il n'en faudroit point d'autre preuve que la raison avancée par l'Auteur du Memoire, il dit que c'est une loy receuë dans tous les Estats, que le Souverain ne voulant pas se faire justice à luy même pour les differens particuliers qu'il peut avoir avec ses sujets, il establit des Juges pour en connoistre ; mais que comme dans les petits Estats il seroit difficile d'en trouver qui ne fussent interressez ; on a recours en ce cas au Jugement de leurs voisins, & que c'est le fondement des Traitez de Combourgeoisie entre Berne & Neuf-Chastel.

Si cela est, dira-on que ces

k Il y a de l'apparence que ce que l'on jugera, est que cette réponse de l'Auteur des *Deffenses* n'est ny subtile ny raisonnable. *Pretendre*, dit-il, *que Madame de Nemours n'est pas Souveraine, c'est le procez* : Il est vray. Mais c'est le procez entre Madame de Longueville & Madame de Nemours, & non entre Madame de Nemours & les Estats : & sur ce procez les Estats ont declaré comme Juges, & non comme parties, que Madame de Nemours n'est pas Souveraine de Neuf-Chastel, & ainsi il n'y a plus de procez.

Mais quand il y en auroit un, ce seroit toûjours un procez entre des pretendans à la Souveraineté, & non entre le Souverain reconnu & la ville de Neuf-Châtel qui est le seul cas où l'on doit aller à Messieurs de Berne.

l La difference entre les Bourgeois de Neuf-Chastel & les autres sujets de cette Souveraineté, est aussi réelle que celle d'entre les Bourgeois de Paris, & les autres sujets de ce Royaume. Et il est aussi peu raisonnable de vouloir estendre à tous les sujets du Comté, ce qui est accordé aux seuls Bourgeois de Neuf-Châtel, que si l'on pretendoit que les privileges & les graces particulieres faites par nos Rois aux Bourgeois de Paris, appartiennent à tous les autres sujets du Roy aussi bien qu'à eux, & que par les Bourgeois de Paris, il faut entendre tous les François.

m Tout ce que ce raisonnement conclut, est que si les sujets de l'Estat de Neuf-Châtel presentoient une Requeste à leur Prince, pour le prier de leur accorder les mêmes privileges qu'il a accordez aux Bourgeois de Neuf-Chastel, il y auroit lieu de consulter s'il ne seroit point à propos de leur faire cette grace. Mais comme ils ne les ont point encore demandez, il est clair qu'ils ne les ont point encore obtenus. Le Prince en deliberera quand ils le feront : il pesera les avantages & les inconveniens; Ce qui est certain, c'est qu'il ne leur a point encore donné ce droit; & par consequent qu'ils ne l'ont point, parce qu'ils ne le peuvent avoir si le Prince ne le leur donne.

C'est une estrange maniere de raisonner que celle de cét Auteur, qui conclut qu'une loy est, parce qu'il s'imagine qu'il seroit utile qu'elle fût; mais l'utilité d'une loy est bien un motif pour la faire à l'avenir, mais non une preuve qu'elle soit faite.

n Puis que l'Avocat de Madame de Nemours trouve que cét exemple est pour luy, je ne voy pas ce qui pourroit estre contre luy. Car on y void d'abord que Leonor d'Orleans, & Jacques de Savoye demanderent tous deux l'investiture aux Estats, subirent leur Jugement, & ne ne s'adresserent nullement à Messieurs de Berne pour leur different sur la Souveraineté. C'est à dire qu'on y void d'abord la competence des Estats clairement établie, & les pretentions de Madame de Nemours clairement renversées. Où est donc cét avantage qu'y trouve l'Auteur des *Deffenses*? C'est dit-il, *que le jugement des Estats n'ayant pû terminer ce different, ils eurent recours à ceux de Berne. Ils n'avoient donc pas le pouvoir d'en connoistre.* En verité l'Auteur des *Deffenses* a bien sujet de se plaindre de ceux qui luy fournissent des instructions si deffectueuses, & qui l'engagent à faire des objections si frivoles. Voicy le denouëment de celle-cy.

Traitez regardent seulement les Bourgeois particuliers de la ville de Neuf-Chastel, & non pas tous les sujets; & se pourra-t'on persuader qu'il y ait plus de facilité à trouver des Juges, quand le different regarde tout l'Estat, que quand il ne regarde qu'une seule ville? dans ce dernier cas on peut chercher des Juges dans le reste de l'Estat; mais quand l'Estat tout entier est interessé, c'est le veritable cas où il faut chercher des Juges estrangers.

n L'exemple proposé par l'Auteur du Memoire n'est pas moins avantageux à Madame de Nemours. L'investiture qui avoit esté donnée à Leonor d'Orleans & à Jacques de Savoye, tous deux pretendans à la Souveraineté de Neuf-Chastel, n'ayant pas terminé leurs differens, les Estats eurent recours à ceux de Berne. Ils n'avoient donc pas le pouvoir d'en connoistre.

Il est vray qu'on alla à Berne dans la suite de ce different; mais on n'y alla pas pour sçavoir à qui la Souveraineté appartenoit. On y alla dans le vray cas de la Combourgeoisie, c'est à dire pour un different entre les Bourgeois de Neuf-Chastel, & des Princes certains & reconnus. On n'y alla pas pour attaquer le Jugement rendu par les Estats, mais pour le faire executer : & voicy de qu'elle sorte cela arriva.

Les Estats de Neuf-Chastel avoient obligé par le Jugement de 1552. ces deux

Princes, comme il a esté dit dans le Memoire, de donner un seul Souverain à l'Estat pour conserver son indivisibilité. Mais ces Princes negligeant de satisfaire à cette condition, & les Estats par eux-mêmes n'ayans pas droit de les citer à Berne, les Bourgeois de Neuf-Chastel s'y estant interessez, firent en sorte que les Estats citerent ces Princes devant le Conseil de ce Canton, en vertu du Traité de Combourgeoisie, & par ce moyen ils vinrent à bout de ce qu'ils pretendoient. Les deux Princes citez au Conseil de Berne selon le Traité, ayans bien voulu le prendre pour arbitre de la recompense que l'un devoit donner à l'autre. Cét exemple prouve donc que les differens entre les Bourgeois de Neuf-Chastel & leurs Princes se doivent porter à Berne. C'est dequoy l'on convient, mais qui est inutile à Madame de Nemours. Mais il prouve en même temps que les differens où il s'agit de la Souveraineté & de l'investiture doivent se juger à Neuf-Chastel. C'est tout ce que pretend Madame de Longueville, & que Madame de Nemours luy conteste sans raison.

o Mais il est inutile de raisonner sur la loy quand elle s'explique d'elle-même. Le traité de Combourgeoisie qui est de l'année 1406. p. 16. du liv. des Coustumes & Decretales de Neuf-Chastel, Conrad Fribourg estant Comte de Neuf-Chastel, y est formel. Il comprend en termes exprés *les Bourgeois tant forains que dedans la ville de Neuf-Chastel*, c'est à dire tous les sujets de la Souveraineté, & si dans ces actes on ne parle souvent que des Bourgeois de la ville de Neuf-Chastel; c'est parce qu'elle est la Capitale qui donne le nom à toute la Souveraineté.

p Cette difficulté de l'Auteur du Memoire est encore plus nettement decidée par le Jugement de ceux de Berne de

o Encore une fois l'Auteur des *Deffenses* devroit avoir eu soin de se mieux instruire des choses dont il écrit, afin de n'en parler pas avec si peu de lumiere. Comme il y avoit de deux sortes de Citoyens Romains, les uns qui demeuroient à Rome, les autres qui y avoient droit de Bourgeoisie, & qui estoient neanmoins répandus dans toute l'Empire: de même il y a de deux sortes de Bourgeois de Neuf-Chastel; les uns qui y demeurent, & ce sont les *Bourgeois internes*; les autres qui participent aux privileges des Bourgeois sans y demeurer, & ce sont les *Bourgeois forains*. Mais comme les Citoyens Romains tant ceux qui demeuroient à Rome, que ceux qui demeuroient dans les Provinces, ne faisoient qu'une petite partie des sujets de ce grand Empire: de même les Bourgeois de Neuf-Chastel, tant internes que forains ne font pas la sixiéme partie des sujets de tout l'Estat, & ils sont si fort distinguez des autres sujets, que l'on divise ordinairement l'Estat en *Bourgeois*, & en *sujets*, n'y ayant que les Bourgeois qui soient admis dans les Estats, & non les sujets, quoyque les uns & les autres soient sujets.

p L'Auteur des *Deffenses* se mocque du monde avec son explication *de Bour-*

geois forains ; qui ne merite pas d'estre refutée ; j'aymerois autant dire que tous ceux qui sont dans les Provinces sont les Bourgeois forains de Paris.

Le different de Leonor d'Orleans n'estoit point avec tous les sujets, mais avec les seuls *Bourgeois forains* de Neuf-Chastel ; c'est à dire avec ceux qui sans demeurer dans la ville de Neuf-Chastel, avoient les privileges des Bourgeois.

q Berne est fondé en droit & en possession, de connoistre des differens entre les Bourgeois, & le Souverain reconnu. Et les Estats de Neuf-Chastel sont fondez en droit & en possession, de connoître des differens touchant la Souveraineté entre divers pretendans.

r C'est parce que ce privilege n'est pas accordé à tous les sujets de cette Souveraineté que les Estats representent ; mais aux seuls Bourgeois de Neuf-Chastel. Ainsi les Estats par eux-mêmes n'ont pas droit de porter aucun different à Berne ; & quand ils le font, ce ne peut-estre qu'à cause que les Bourgeois de la ville de Neuf-Chastel s'interessent, & qu'ils interviennent quelquefois dans les affaires communes ; & c'est ce qu'ils n'ont point fait icy.

ſ Lors que l'Auteur des *Deffenses* aura estably ce Principe, *que l'on n'écrit jamais à personne que pour le reconnoistre pour Iuge*, il luy sera permis de raisonner comme il fait. Mais si cette maxime est inoüie, & si les Princes écrivent tous les jours à leurs Alliez pour les informer de leurs intentions, sans pretendre par là se soumettre à eux, ny se rendre parties contre personne ; il n'est pas excusable de vouloir se servir d'une lettre que la ville de Neuf-Chastel a écrite à Messieurs du Canton de Berne, pour prouver qu'elle les a reconnus pour Juges, & qu'elle s'est renduë partie contre Madame de Nemours. Voicy ce qui l'an 1565. p. 153. qui fut par eux rendu sur le different *entre Leonor d'Orleans & les Bourgeois forains de Neuf-Chastel*, pour les droits qu'ils pretendoient ne lui pas devoir. Aprés cét exemple peut-on douter que les sujets de la Souveraineté ne soient compris dans les Traitez de Combourgeoisie, & que Berne *q* ne soit fondé en droit & en possession de connoistre de leurs differens avec le Souverain.

Mais quand même cette Combourgeoisie ne regarderoit que les habitans de Neuf-Chastel ; on demanderoit volontier à l'Auteur du Memoire *r* pourquoy les gens des Etats n'y seroient pas compris s'ils representent toute la Souveraineté ; à plus forte raison la ville Capitale qui en fait une partie : & même si dans le procés de Leonor d'Orleans, l'Auteur pretend que Berne en prit connoissance parce que les Officiers de la ville de Neuf-Chastel estoient intervenus, *ſ* disconviendra-on que dans le different de Madame de Nemours avec Madame de Longueville, ces mêmes Officiers n'ayent pas écrit à Berne pour la deffense de leurs pretendus privileges, & qu'ils ne se soyent par consequent rendus parties contre Madame de Nemours.

s'est

s'est passé sur ce sujet. Madame de Nemours ayant porté ses plaintes à Berne contre le Jugement des trois Estats de Neuf-Chastel. Ceux qui composent le Conseil de cette ville par un devoir d'Alliés, écrivirent à la ville de Neuf-Chastel, pour sçavoir quel interest elle prenoit en cette affaire. Et comme la bienseance obligeoit à leur faire réponse, les quatre Ministraux de cette Ville leur écrivirent une lettre par laquelle ils leur declarerent, *que les trois Estats depuis la reformation avoient toûjours exercé la Iustice Souveraine & en dernier ressort dans cette Souveraineté. Qu'ils y faisoient même les loix, les éclaircissoient, & les changeoient. Que jamais il n'estoit arrivé aucune conteste pour la succession de ce Comté, qu'on ne se fust adressé à eux comme aux Iuges* COMPETENS *pour obtenir la possession & l'investiture: & que leur competence s'étendoit à toute controverse, à la reserve de celles qui survenoient entre le Prince & la ville de Neuf-Chastel, lesquelles devoient estre portées devant leurs Excellences.* C'est à dire en un mot, qu'ils declarerent à Messieurs de Berne que le Jugemẽt des differens entre Madame de Longueville & Madame de Nemours avoit appartenu aux Estats de Neuf-Chastel, & non pas au Conseil de Berne. Et cependant l'Auteur des *Deffenses* par une maniere de tirer des consequences qui luy est particuliere, conclud de là, que ces Messieurs en faisant entendre à Messieurs de Berne qu'ils n'estoient point Juges de ce different, & que la decision Souveraine en appartenoit aux trois Estats, ont reconnu que Messieurs de Berne estoient Juges de ce different, & que les trois Estats n'avoient pas droit d'en decider Souverainement.

Elle soutient d'avantage que ce qui s'appelle Estats à Neuf-Chastel n'a pas le pouvoir de juger Souverainement au moins dans les affaires de consequence. Il y a un Tribunal superieur qu'on nomme les Audiances generales. Il est composé d'un bien plus grand nombre & des personnes les plus qualifiées. Il est vray que dans les derniers temps, ces Assemblées ont esté plus rares par la difficulté de les convoquer, mais l'autorité & le pouvoir subsistent toujours, & on ne dira pas que dans l'Eglise on a supprimé le pouvoir des Conciles parce qu'il y a un siecle qu'ils n'ont esté assemblez.

Pour faire évanoüir toutes ces objections, il n'y a qu'à éclaircir les differens changemens qui sont arrivez dans l'Estat de Neuf-Chastel à l'égard de la Jurisdiction des Estats.

Les mots d'*Estats* & d'*Audience* sont des termes generaux, qui se donnent à diverses assemblées. Les Audiences generales s'appellent quelquesfois Estats, & l'on donne aussi le nom d'*Audience* à ce que l'on appelle *les trois Estats*.

Mais les mots d'*Audiences generales* marquent une certaine sorte d'Assemblée, & celuy des *trois Estats*, pris dans une signification plus étroite, en marquent une autre, dont la Jurisdiction & le pouvoir a varié selon les temps.

Il est certain qu'autrefois le pouvoir de faire des loix, & de juger Souverainement des fonds appartenoit uniquement aux *Audiences generales*, c'est à dire, à une Assemblée composée avant le changement de Religion, des Chanoines, des Nobles, & des Officiers &

Bourgeois, & depuis, des quatre Bandèrets au lieu des Chanoines.

Les trois Estats, qui sont une Assemblée moindre, composée de douze personnes de divers Ordres, avoient un pouvoir different selon la nature des affaires qui estoient portées devant eux. Car ils estoient Souverains à l'égard des causes personnelles, comme les Tutelles & les Curatelles. Et ils ne l'estoient pas à l'égard des fonds, ny même des accessoires des fonds, testamens & donations, & l'on pouvoit appeller de leurs Sentences aux Audiences generales.

Mais comme la convocation de ces Audiences generales ne se pouvoit faire sans de grandes difficultez, on conclut d'un commun consentement aux Audiences tenuës en 1560. d'augmenter la Jurisdiction des trois Estats, & de leur donner pouvoir de juger Souverainement *de tout point d'accessoire touchant les fonds.*

Il ne restoit plus que le pouvoir de juger Souverainement du principal des fonds pour rendre la Jurisdiction des Estats entierement Souveraine, & c'est ce qui leur fut accordé expressément en 1618. par une loy expresse faite dans les Audiences generales, le Prince même estant à Neuf-Chastel. Par cette loy expresse on transfera aux Estats le pouvoir des Audiences generales, en reservant seulement au Prince la puissance d'en assembler de dix ans en dix ans, non pour juger des differens, mais seulement pour faire des loix & des Reglemens de police.

Ainsi depuis ce temps-là, tout s'est jugé en dernier ressort par les trois Estats, jusques-là que l'an 1655. ils reformerent & éclaircirent quelques articles de coustume, sans que depuis l'année 1618. on ait jamais pensé à assembler les Audiences generales.

Cet éclaircissement dissipe tout d'un coup tout ce que l'Auteur des *Deffenses* avance contre la Souveraineté des Estats.

Il dit que les Estats ne sont pas Souverains à l'égard de toutes sortes d'affaires, & qu'ils ont les Audiences generales au dessus d'eux : il devoit dire qu'ils n'ont pas esté toujours Souverains : ce qui auroit esté vray, mais non qu'ils ne le soient pas à present. Car ils le sont certainement en tout depuis 1618. le pouvoir des Audiences generales leur ayant esté donné. Et ainsi la cause de Madame de Nemours ayant esté decidée depuis 1618. elle a esté decidée Souverainement.

Mais ce qu'il y a de considerable, est qu'encore que le pouvoir des Estats n'eût point esté augmenté, & qu'il ne fût encore que tel qu'il estoit en 1560. Madame de Nemours ne laisseroit pas d'estre bien condamnée, & d'estre décheuë absolument de toute pretention au Comté de Neuf-Chastel ? C'est ce qui paroistra clairement par la Réponse à l'objection suivante.

a L'Auteur des *Deffenses* ne pouvoit pas produire un exemple plus contraire à Madame de Nemours que celuy de cette contestation. Il est certain qu'en 1552. la Justice des trois Estats n'estoit pas encore Souveraine ; & qu'ainsi elle ne pouvoit pas connoistre en dernier ressort d'un

a Par la procedure faite en 1552. p. 131. pour la prise de possession de Leonor d'Orleans & Jacques de Savoye, il est porté, *que sçachant que ces deux Seigneurs & leurs sœurs sont les plus proches heritiers de François d'Orleans Duc de Longueville & Comte de Neuf-Chastel, ils sçauroient volontiers d'eux s'ils vouloient consentir qu'à l'assistance de l'Audience illec presente, elle pust & dust juger de la cause, sans que de la sentence qui se donneroit ils pussent protester ny appeller: où s'ils vouloient proceder pardevant la Iustice des trois Estats, dont ils pourroient protester & appeller si besoin estoit*, lesquels Ambassadeurs & Procureurs d'un commun accord ont donné faculté & pouvoir aux Seigneurs des Audiences.

different où il s'agissoit de la Souveraineté. Mais il paroist. 1° par cét exemple qu'elle estoit déja competente pour en connoistre en premiere instance; & qu'ainsi l'allegation d'incompetence contre les Estats, auroit même esté nulle & illegitime dés ce temps-là.

Il paroist, 2° qu'il n'y avoit que deux voyes alors de decider les differens sur la Souveraineté: l'une de les porter tout d'un coup aux Audiences generales, qui jugeoient Souverainement; & l'autre de les porter en premiere instance à la Justice des trois Estats, dont il y avoit alors appel aux Audiences generales. On proposa ces deux voyes aux Princes Leonor d'Orleans, & Jacques de Savoye, & l'on remit à leur choix de prendre celle qu'ils voudroient. Mais on ne mit point à leur choix d'aller faire juger ce different hors de l'Estat de Neuf-Chastel. Cette voye ne leur fut point proposée, parce qu'elle estoit contre les droits de la Souveraineté. Et ainsi il est clair que cét exemple condamne Madame de Nemours, puis qu'elle n'a pris aucune de ces deux voyes; mais que recusant également & les Estats & les Audiences, elle a voulu porter cette affaire hors de Neuf-Chastel; ce qui est absolument sans exemple, & notoirement contraire aux privileges de l'Estat.

2 Par cette procedure qui est la derniere pour une contestation pareille à celle dont il s'agit, il est nettement justifié qu'il y a un Tribunal superieur qu'on nomme les Audiences, qu'on peut appeller des Jugemens rendus par les trois Estats, & qu'ils n'ont par consequent le pouvoir de juger Souverainement en ces matieres; & qu'enfin les Audiences mêmes ne sont pas competens de connoistre du different de la Souveraineté, que par le consentement de ceux qui l'a pretendent.

2 L'Auteur des *Deffenses* n'est pas assez exact dans les faits, ny assez juste dans ses raisonnemens.

Pourquoy, dit-il, que cette procedure fut la derniere pour une contestation pareille, puis qu'en 1602. on demanda encore aux Estats l'investiture pour Monsieur de Longueville pere de Madame de Nemours, & pour ses coheritiers, & que les Estats rendirent divers Jugemens sur ce sujet, sans demander aucun consentement. Ce qui marque que c'est l'usage & la coustume, & par consequent que les Princes sont obligez de l'observer par le serment, qu'ils font de garder les Coustumes du païs.

Pourquoy se fatique-t'il à prouver ce que personne ne nie, qu'en 1550. les Audiences estoient superieures aux Estats, afin de conclure que les Estats sont incõpetens, puisque Madame de Nemours reconnoist aussi peu la Jurisdiction des Audiences generales, que celle des trois Estats, & que comme elles ne sont pas moins sujetes aux Princes que les Estats, elle ne leur dispute pas moins la competence.

¿Pourquoy abuse-t'il si visiblement des termes ausquelles l'alternative proposée à ces Princes est conçuë, en voulant faire croire que les Audiences n'avoient droit de juger que du consentement des parties ? Car il est clair au contraire que l'on ne mit nullement à leur choix d'estre jugé à Neuf-Chastel ou hors de Neuf-Chastel, mais d'estre jugez ou p... les Audiences en dernier ressort, ou par les trois Estats avec la voye d'appel. Voila quelle fut l'alternative qui leur fut proposée, & pour laquelle on exigea leur consentement.

Ce sont ces Audiences qui sous l'autorité du Souverain establissent des loix, & c'est á eux que appartient de faire les Decretales, c'est le terme dont ils se servent à Neuf-Chastel, les Estats y ne sont Juges que des affaires ordinaires & mêmes ils n'en connoissent en dernier ressort qu'en cas d'apel pardevant eux des Juges inferieurs ; mais à l'égard des causes qui sont portées directement à leur Tribunal, on en peut protester z & appeller, comme il paroist par une de ces Decretales de l'année 1565. p. 204.

Ce consentement estoit necessaire, afin qu'ils fussent Juges d'abord Souverainement, puisque selon l'ordre commun, il faut passer par les degrez ordinaires de Jurisdiction, mais il n'estoit point necessaire absolument, afin qu'ils fussent jugez. Car n'y ayant que ces deux voyes, il falloit necessairement qu'ils choisissent l'une ou l'autre. Et il ne leur estoit nullement libre de les refuser toutes deux, comme Madame de Nemours a pretendu faire.

La necessité de ce pretendu consentement paroistra encore plus mal inventée, si l'on se souvient que c'estoit à l'instance même de ces Princes qu'ils avoient esté renvoyez à Neuf-Chastel, comme à la Justice unique qui eust droit d'en connoistre. Car Marie de Loraine Reine d'Ecosse mere de François d'Orleans Duc de Longueville, ayant fait adjourner aux Requestes du Palais du Parlement de Paris Jacqueline de Rohan mere & Tutrice de Leonor d'Orleans, pour y faire juger des ses pretentions sur le Comté de Neuf-Chastel : cette Tutrice soûtint par sa réponse du cinquiéme Janvier 1551. *Que l'on ne pouvoit pour ce sujet agir ailleurs qu'à Neuf-Chastel, où il y a droit & titre de Souveraineté, qui ne reßorts en nul autre lieu.* Et elle sollicita Messieurs de Berne de s'employer auprés de Sa Majesté, pour obtenir ce renvoy, en leur remontrant, *que la Justice suprême de Neuf-Chastel s'estoit toûjours conservée l'autorité de decider les affaires de cette importance, voire même les differens qui se suscitent entre les Princes.* Ce qui ayant esté representé au Roy Henry second par deux lettres que Messieurs de Berne luy en écrivirent, il renvoya les parties au Jugement des Estats de Neuf-Chastel.

y Il n'y a qu'à distinguer le temps pour découvrir l'illusion de l'Auteur.

z On en pouvoit appeller, mais non pas comme de Juges incompetens,

car

car ils estoient déslors compétens pour juger, quoy qu'il restast la voye d'appel. Et quand on en avoit appellé, il falloit relever son appel dans dix jours, sous peine d'en estre décheu. Madame de Nemours n'ayant rien fait de tout cela, ne peut donc plus estre receuë à cõtester le Jugement des Estats. Car les formalitez sont d'une telle necessité en ce païs-la, que la Reine d'Escosse fut déboutée de ses pretentions en 1552. pour le seul deffaut de la Procuration qu'elle avoit donnée, quoy que son Procureur n'eût pas refusé de demander l'investiture, comme a fait celuy de Madame de Nemours.

[a] Il y en a un autre de 1560. p. 217. qu'il est encore bien plus expresse; [b] elle s'explique en ces termes, *Il est decreté par Messieurs des Audiences que Messieurs des Estats ont plain pouvoir, autorité &* [b] *faculté de doresnavant vuider & iuger definitivement tout point d'accessoire touchant possessions, heritages, testamens & donations entre vifs, & cela en considération que plusieurs detenteurs & iouïssans du bien d'autruy contre Dieu & raison, ne tendoient qu'à longueurs & suites pour toûiours ioüir, mais quant à la cause principale, icelle ne pourra estre connuë ny iugée que par Messieurs des Audiences seulement.*

[a] Cela a esté éclaircy suffisamment cy-dessus.

[b] Comme les Estats aprés cette concession ont eu le pouvoir de juger Souverainement des *accessoires* des *fonds*: de même aprés la concession qui leur en fut faite en 1618. par les mêmes Audiences, ils ont eu le pouvoir de juger Souverainement du *principal* des *fonds*.

[c] Comment aprés cela le panegiriste du Jugement de Neuf-Chastel [illegible]-t'il, vo[illegible] faire paroistre [illegible] Memoire, & si dans les affaires ordinaires par cette Decretale, les Estats n'ont la faculté de connoistre & juger que de la provision qu'ils appellent accessoire, & si le jugement du principal est reservé aux Audiences privativement à tout autre; comment les Estats ont-ils pû pretendre d'estre competens d'un different de cette qualité.

[c] Ces exclamations ne paroistront pas fort à propos, ny cét argument fort convainquant aprés les éclaircissemens qu'on a donnez.

[d] Il faut donc conclure que ce Jugement de Neuf-Chastel ne peut subsister, dans la forme. Il est rendu par des Juges incompetens, qui n'avoient aucun pouvoir de prononcer sur la question de leur Jurisdiction, & enfin qu'ils ne pouvoient pas refuser à Madame de Nemours de se pourvoir pardevant l'Estat de Berne pour le different qu'elle avoit sur le fait de l'incompetence avec ses sujets.

[d] Il faut conclurre que l'Auteur des *Défenses* ayant estably de fort mauvais principes, tire de fort mauvaises conclusions.

Mais si ce Jugement est irregulier dans la forme, il est encore plus injuste dans le fõds; e il s'agissoit de la Souveraineté, dont il a esté déja remarqué que les f sujets ne pouvoient connoistre; les g Souverains ne tiennent leur couronne que de Dieu seul, il n'y a que luy au dessus des Monarques qui puisse decider d'un droit si eminent, si ce n'est qu'ils veulent bien eux-mêmes choisir des voyes de mediation, où convenir de Souverains comme eux qui puissent terminer ces grands differens.

e Il ne s'agissoit pas moins de la Souveraineté dans tous ces autres differens, qui ont esté neanmoins jugez & reglez devant les Estats de Neuf-Chastel.

f On a déja remarqué que cette maxime que l'Auteur des *Deffenses* supose comme incontestable est également contraire à la raison & à la pratique. La raison fait voir; que comme un Estat Souverain, n'est point soûmis à un autre, il n'appartient à aucun Estat estranger de luy donner un Souverain. Qu'ainsi il faut par necessité; que ceux qui le composent discernent eux-même qui a droit de leur commander; ce qui ne se peut faire plus regulierement que par les Estats qui representent tout le peuple.

Aussi ce droit des Estats est confirmé & autorisé par la pratique de toutes les Nations. On sçait que ce furent les Estats qui reglerent la contestation entre Philippes de Valois, & le Roy d'Angleterre, pour la Couronne de France. C'estoient de même les Estats au Royaume de Jerusalem qui jugeoient des droits de ceux qui y pretendoient, comme il est justifié par des loix expresses & par divers exemples dans le livre intitulé, *Histoire Politique d'Outremer*, qui fait partie du Livre, qui porte pour titre, *l'Abregé Royal, par le Pere Labbé de la Compagnie de* JESUS, pag. 501. 514. 534. 535. 536. 541. 542. 546.

Guichardin L. 12. témoigne aussi que ce furent les Estats d'Arragon qui jugerent de la succession de ce Royaume là, & qui prefererent Ferdinand ayeul de Ferdinand mary d'Isabelle Reine de Castille, à d'autres parens de Martin Roy d'Arragon, qui pretendoient que le Royaume leur appartenoit.

Mais quand cela seroit douteux dans les autres Estats, on n'en pourroit douter dans celuy de Neuf-Chastel, aprés tant d'exemples signalez, que les Registres publics nous en fournissent, & qui ont esté rapportez.

g Quoy que les Princes tiennent leur pouvoir de Dieu & non des Estats, ce sont pourtant les Estats qui declarent que ce pouvoir leur appartient, & qu'il n'appartient pas à d'autres. Que l'Auteur des *Deffenses* appelle cela mise en possession, investiture, formalité, coustume, de quelqu'autre nom qu'il luy plaira. Mais tant y a, qu'avec cette formalité on est reconnu Prince legitime de Neuf-Chastel, & que sans cela on ne l'est point. Il a tort neanmoins de confondre la *mise en possession* avec *l'investiture*; puisque la mise en possession ne se refuse point, & que l'on l'accorde sans connoissance de cause, au lieu que *l'investiture* ne se donne qu'aprés l'examen des droits de ceux qui la demandent.

h Si Leonor d'Orleans & Jacques de Savoye ont bien voulu recevoir l'investiture de la main de leurs sujets, c'est de leur consentement & en l'assemblée des Audiences, où pour mieux dire s'ils ont demandé une simple mise en possession, (le mot d'investiture ne pouvant s'y appliquer dans son veritable sens) ce n'a esté que pour satisfaire à la coustume & à la formalité. Et en effet l'Auteur du Memoire luy même demeure d'accord que ces Estats de Neuf-Châtel porterent ce different devant ceux de Berne, i & il paroist par une infinité d'actes que ce furent les Cantons Suisses qui connurent d'une contestation qui a duré long-temps entre les heritiers de la maison de Chaslam, dans laquelle Marie de Bourbon Duchesse de Longueville, estoit aussi partie pour la Souveraineté de Vallengin, que l'on a remarqué avoir esté si long-temps hors de la main des Souverains de Neuf-Chastel.

k Mais que des sujets & encore un Tribunal inferieur au prejudice d'une incompetence proposée, & par un attentat au droit des Souverains, ayent ozé prononcer un Jugement de cette qualité, c'est ce qui n'a point d'exemple dans l'Histoire.

h Il suffisoit bien d'estre tombé une fois dans cette faute sans la renouveller encore. Jamais on n'a porté devant Messieurs de Berne le different de l'investiture de la Souveraineté, mais sur les plaintes de la ville de Neuf-Chastel au Gouverneur & Conseil d'Estat, tous les Estats du païs ont fait citer ces deux Princes reconnus & investis, devant Messieurs de Berne, pour les obliger d'accomplir une condition du Jugement qui avoit esté rendu en 1552. ce qui confirme l'autorité que les Estats ont de juger les contestations pour la Souveraineté, au lieu de l'affoiblir comme Madame de Nemours pretend.

i Puisque ce furent les Cantons qui connurent de ce different entre Marie de Bourbon & Isabelle de Chaslam, il est visible qu'ils en connurent comme Arbitres, & non comme Juges, ce qui ne tire point à consequence. Car il est toûjours permis à un Souverain de faire decider par des Arbitres les differens qu'il a avec son vassal, pour éviter les inconveniens, comme il y en avoit à craindre en cette occasion-là, à cause de l'alliance d'Isabelle avec le Canton de Berne, & de la possession où elle estoit de la Seigneurie de Vallengin, qu'on eust eu peine à luy faire quitter sans en venir aux voyes de fait.

k L'Auteur des *Deffenses* croit-il qu'on se payera de ses temeraires propositions, parce qu'il les avance comme des veritez indubitables.

Dans les Monarchies electives, la décision dépend à la verité de ceux qui ont le droit d'élire quoy que sujets de la Souveraineté, comme dans la Pologne & dans les Estats Ecclesiastiques. Mais il n'en est pas de même dans les Souverainetez successives & hereditaires, parce que le droit passe au Souverain avec la naissance, & fait qu'il n'est obligé de reconnoistre que Dieu seul comme Auteur de la nature.

Il est même de la disposition de droit, l que nul ne peut avoir jurisdiction sur son égal, bien moins l'inferieur & le sujet sur son superieur & son Souverain.

m Si l'on adjouste à toutes ces considerations que les Juges estoient les veritables parties puis qu'ils estoient dans la dépendance de Madame de Longueville, & dans la crainte d'estre depossedez de leurs charges par Madame de Nemours ; & que d'ailleurs les Estats n'avoient aucune liberté de suffrages ; c'est un concours de raisons, & une si grande abondance de droit qu'il ne doit rester aucune difficulté pour la nullité de ce Jugement.

Mais s'il est irregulier & injuste dans sa premiere partie, où l'on adjuge l'investiture des Souverainetez à Madame de Longueville, il ne l'est pas moins dans la seconde, qui condamne le sieur de Molondin à un bannissement perpetuel, avec confiscation de tous ses biens.

n Ce Jugement ne peche pas moins en ce chef dans la forme que dans le fonds. A l'égard de la forme, outre l'incompetence

l Tout Souverain estant égal à tous les autres en qualité de Souverain, nul Estat étranger n'a pouvoir de juger de ses droits par la maxime même de l'Auteur. Mais comme il est necessaire neanmoins qu'on en juge, & que ces sortes de differens ne se terminent pas par la force; la raison a obligé tous les hommes de reconnoistre qu'il n'y avoit rien de plus juste que de les faire juger par les Estats mêmes du païs, qui ont un interest naturel de connoistre à qui ils doivent obeïr. Et cette raison ayant estably cette coustume à Neuf-Chastel, les Princes s'y sont soûmis, & sont obligez de l'observer comme toutes les autres.

m Pourquoy estoient-ils dans la dépendance de Madame de Longueville, puisque la pluspart ne tenoient point leur Charge d'elle? Pourquoy auroient-ils craint d'estre depossedez par Madame de Nemours, puis que n'ayant rien fait qui le meritât, ils ne la devoient pas soupçonner de cette injustice?

n Est ce que l'Auteur des *Deffenses* s'imagine que le droit naturel prescrive certaines formes, & qu'il n'a pas encore fait reflexion sur la varieté infinie qui se

competence justifiée qui le doit aneantir tout entier, il est inoüy qu'on aye condamné les plus coupables sans leur faire leur procés. On a pretendu que c'est un crime de felonnie, & que le sieur de Molondin avoit violé les droits & les privileges de la Souveraineté; mais le crime de leze-Majesté au premier chef est sans doute plus punissable, & neanmoins il n'y a point d'exemple que dans ces grands crimes qui font horreur à la nature même, on ait condamné les parricides qui en estoient manifestement coupables, sans avoir instruit leur procés dans toutes les formes, & avec la derniere exactitude.

C'est neanmoins de ce Jugement que l'Auteur du Memoire a pretendu se faire un titre incontestable, il devoit encore dire pour l'appuyer, que les gens de n Madame de Longueville y presidoient, & qu'ils furent assez inconsiderez pour exciter le peuple à sedition, & faire les derniers outrages à une personne qualifiée; il ne devoit pas même oublier qu'il y avoit eu des voix pour le condamner à la mort, & faire l'apologie d'un Jugement qui sans raison & contre les regles condamne un o innocent, & ne delibere que sur le choix de la peine qu'on luy vouloit imposer.

p Mais au fond quel est le crime du sieur de Molondin, il n'agissoit que comme Procureur & Envoyé de la Princesse qui se pretendoit Souveraine, avoit-il passé les termes de son pouvoir, & les ordres dont il estoit le porteur? Mais quand il en auroit esté le garand, n'a-t'on pas justifié q que ses demandes estoient regulieres; & enfin puis qu'il representoit Madame de Nemours, en luy faisant injure, n'a-t'on pas bles-

rencontre dans celles qui se pratiquent dans les divers Estats du mõde? Ne suffit-il pas que Molondin, sujet des Estats de Neuf-Chastel, ait esté jugé selon les formes de Neuf-Chastel? Les trois Estats en estoient tres instruits, ils ont observé celles qu'ils ont jugé necessaires dans ce cas particulier, où le crime avoit esté commis devant eux?

n Il est estrange qu'on ne se lasse point de repeter ces reproches vains & injustes, & qu'on ne voye pas qu'il suffit de les nier pour les refuter.

o Les crimes de ce pretendu innocent estant notoires, & la plupart ayant esté commis à la veuë même des Estats assemblez, il n'estoit pas besoin d'autre information.

p On les a justifiez dans le Memoire de Madame de Longueville, & il n'est pas necessaire d'y rien ajoûter icy.

q Les Estats ont jugé qu'elles ne l'estoient pas, & ils avoient droit de le juger.

r On a répondu ailleurs à ce pretendu droit des gens.

ſ L'Auteur des *Deffenses* est mal informé, Molondin est sujet de la Souveraineté de Neuf-Chastel, pour deux raisons.

1. Parce que son pere ayant esté Bourgeois du Landron, il l'estoit aussi luy-même, la qualité de Bourgeois estant hereditaire. Or tous les Bourgeois du Landron sont sujets de la Souveraineté de Neuf-Chastel.

2. Parce qu'il n'estoit pas dégagé du serment qu'il avoit presté au Souverain, en qualité de Conseiller d'Estat, & qu'il s'est même obligé par celuy qu'il avoit presté en qualité de Lieutenant du Gouverneur, *de maintenir non seulement pendant qu'il seroit dans cét Office;* MAIS A TOUJOURS *la Souveraineté, & tous les autres droits Seigneuriaux du Prince, & aussi les libertez, franchises, bonnes coustumes, usances écrites & non écrites, dont les sujets ont accoustumé de joüir.*

t Il devoit regler sa reconnoissance selon les loix, & comme ces loix conservent la Souveraineté à Monsieur de Longueville, il devoit s'y attacher, & non pas tâcher de le depossEder en faveur de Madame de Nemours.

sé r le droit des gens & les loix les plus inviolables?

ſ Il n'estoit pas même sujet de cette Souveraineté, comme l'a pretendu l'Auteur du Memoire, ses peres & luy-même y avoient rendu à la verité des services considerables, dont il devoit attendre d'autres recompenses; & on n'a pû luy faire de reproches que d'estre entré dans les interests de Madame de Nemours. L'Auteur du Memoire l'accuse d'ingratitude, & d'avoir oublié les bienfaits qu'il avoit receus de la maison de Longueville; mais il n'a pas pris garde, qu'étant restée seule de cette t Maison, il ne pouvoit donner des marques plus justes de sa reconnoissance, que de s'attacher à son party avec fermeté, & malgré le grand credit qui luy estoit apposé, & les menaces continuelles qui luy estoient faites.

Voilà tout ce que l'Avocat de M. de Nemours a pû alleguer contre le Jugement des Estats de Neuf-Chastel, qui se reduit, comme l'on a vû à des parologismes visibles, & à des illusions continuelles. De sorte qu'il ne faudroit que cela pour en faire voir la validité. Que sera-ce donc si l'on y ajoûte cette foule de raisons dont il est appuyé?

Si l'on considere que la raison naturelle a porté tous les peuples à remettre aux Estats la decision de ces differens sur la Souveraineté, pour exclure en même temps les étrangers qui y feroient tort, & les moyens violens qui troublent la tranquilité publique.

Que c'est ce qui s'est pratiqué en France, à Jerusalem, en Arragon, & en plusieurs autres Estats.

Que la possession où sont les Estats de Neuf-Chastel de ce droit est certaine & verifiée par des exemples signalez.

Que lors qu'ils citerent leurs Princes à Berne en vertu du Traité de Combourgeoisie en la maniere qui a esté marquée cy-dessus, ils chargerent leurs Deputez de remontrer, *que le droit & la coustume du païs avoit toûjours esté de remettre sur les Estats les differens de la succession du Comté pour en juger definitivement.*

Que ce droit a esté reconnu par les Princes qui ont eux-mêmes sollicité leur renvoy à Neuf-Chastel, & qui s'y sont soûmis.

Par Messieurs de Berne, qui se sont employez pour le conserver.

Par le Roy Henry second qui a renvoyé à Neuf-Chastel la Reine d'Ecosse, qui vouloit estre jugée à Paris.

Qu'il tient lieu d'une coustume du païs, laquelle les Princes sont d'autant plus obligez de conserver, que par les actes de 1214. & 1454. ils ont dit, *qu'on doit observer les usances des autres Iugemens selon l'ancienne coustume.*

Que les Estats ont pris eux-mêmes cette qualité de *Iuges Souverains du Comté de Neuf-Chastel & de la Seigneurie de Vallengin*, en presence des Ambassadeurs de leur Prince, dans le Jugement qu'ils rendirent en 1576. sur la Seigneurie de Vallengin.

Enfin que personne jusques icy ne s'est avisé de porter ailleurs qu'à Neuf-Chastel ces sortes de contestations.

Aprés cela on ne croit pas que personne puisse douter, que ce different ne doive estre regardé comme une chose decidée, & qu'il ne soit permis d'opposer aux Conclusions de l'Auteur des *Deffenses*, des Conclusions toutes contraires, mais plus justes que les siennes.

ɪ Il est donc justifié que M. de Nemours nonobstant la renonciation portée par son Contract de mariage, & le pretendu Jugement de Neuf-Chastel, a droit comme heritiere du sang d'Henry d'Orleans son pere, & de Charles Paris d'Orleans son frere, aux Souverainetez de Neuf-Châtel & de Vallengin.

ɪ Que les trois Estats de Neuf-Châtel, Juges Souverains & competens, ont decidé que la renonciation de Madame de Nemours estoit bonne, selon les Coûtumes de Neuf-Chastel, dont ils sont témoins legitimes & irreprochables; & qu'ainsi elle n'est pas recevable.

2 Que quand cette renonciation seroit valable; que les deux freres de Madame de Nemours auroient eu la succession du pere commun, & qu'ainsi ces Souverainetez leurs auroient appartenu chacun pour moitié, elle seroit tombée à Madame de Nemours pour le tout par l'institution contenuë au Testament de Charles Paris d'Orleans son frere.

2 Que les trois Estats de Neuf-Châtel, Juges competens & Souverains, ont decidé que Madame de Nemours, n'avoit point esté instituée heritiere par le Testament de feu Monsieur le Duc de Longueville son frere, & qu'ainsi elle ne pouvoit rien pretendre à sa succession.

1 Que les trois Estats de Neuf-Châtel, Juges Souverains & competens, ont decidé que la clause de retour n'étoit nullement caduque, & qu'elle subsistoit tellement que Monsieur de Longueville n'auroit pû disposer de l'Estat de Neuf-Châtel, quand il l'auroit voulu.

Que les trois Estats de Neuf-Chastel, Juges Souverains & competens, ont decidé que l'Estat de Monsieur de Longueville d'apresent ne le privoit pas de la Souveraineté de Neuf-Chastel.

2 Que les trois Estats de Neuf-Châtel, Juges Souverains & competens, ont declaré que les oppositions de Madame de Nemours à la Curatelle de Madame de Longueville estoient mall fondées.

4 Il n'est pas possible de donner de la realité à ce qui n'en a pas, ny d'empescher que les mots de *vision* & de *chimere*, ne se presentent à l'esprit, quand il s'agit d'exprimer ce qui n'a point de solidité ny de fondement, mais on peut s'empescher de se servir de ces termes: Et s'il ne tient qu'à cela pour contenter l'Auteur des *Deffenses*, on sera bien-tost d'accord. On veut bien même appeller cette affaire importante & considerable, car elle l'est en effet : & l'on ne fera pas aussi difficulté de reconnoistre que si l'Auteur des *Deffenses* n'a pas fourny de meilleures raisons à Madame de Nemours, c'est plus la faute de sa matiere que de son esprit.

1 Que la clause de retour apposée à la donation faite par l'Abbé d'Orleans, qui ne pouvoit estre au plus que pour la moitié, estant devenuë caduque par son incapacité, l'execution du Testament ne trouve aucun obstacle, & l'institution défere le droit tout entier à Madame de Nemours.

2 Enfin que quand l'Abbé d'Orleans pourroit pretendre quelque portion dans ces Souverainetez, la Curatelle où plûtost la Regence en devroit appartenir à Madame de Nemours comme plus proche & presomptive heritiere.

2 Que l'Auteur du Memoire aussi bien que ses Emissaires, cessent donc de publier par tout que les droits de Madame de Nemours ne sont que des chimeres & des visions, & qu'il luy fasse au moins la justice de croire que c'est une affaire des plus importantes & des plus considerables.

REPONSE A UN ECRIT INTITULÉ

Deffenses des droits de Madame de Nemours pour les Souverainetez de Neuf-Chastel & de Vallengin.

TROISIÉME PARTIE.

Contenant la Réponse à la premiere question, sur la renonciation de Madame de Nemours.

Ecrit pour Madame Nemours.

PREMIERE QUESTION.

*1 *De quelle consideration doit estre la renonciation faite par Madame de Nemours dans son Contract de mariage, & quel effet elle peut produire.*

IL y a sujet de s'estonner de ce que l'Auteur du Memoire s'est voulu servir du moyen de la renonciation portée par le Contract de maria-

RÉPONSE.

*1 LA question de la renonciation que nous allons maintenant traiter, en suivant l'Auteur des *Deffenses* de Madame de Nemours, & les autres que nous traiterons en suite, sont toutes d'un autre genre que celles de la *competence* des trois Estats de Neuf-Chastel, par où nous avons commencé. Il ne s'agist plus presentement de ces autres questions dans ce different, dont Sa Majesté a bien voulu estre Arbitre, puis qu'elles ont esté decidées par les trois Estats, dont nous avons estably la competence. Ainsi ce n'est pas pour donner un nouveau poids d'autorité à la decision qu'ils en ont faite que nous les examinerons icy, mais seulement pour faire voir que le Jugement qu'ils ont rendu est aussi juste que Souverain.

b Il faut que l'Auteur des *Deffenses* qui a pretendu éblouïr le monde en joignant la cause de Madame de Nemours avec celle de la Reyne, par le mot de *renonciation*, qui leur est commun, se soit imaginé qu'on ne penetrera pas plus avant, & qu'on ne s'appercevra pas que non seulement il n'y a point de rapport entre ces deux renonciations; mais que les differences en sont si réelles, que les mêmes raisons qui prouvent la nullité de la renonciation de la Reine, prouvent la validité de celle de Madame de Nemours.

ge de Madame de Nemours pour détruire les droits qui luy sont deferez par la nature, apres [b] ce qui a esté si doctement écrit, & si bien prouvé sur ce sujet pour les droits de la Reine.

On a fait renoncer la Reine non à un droit futur & incertain, mais à un droit certain & acquis par devolution qui la rendoit proprietaire du Brabant & autres Estats; & c'est ce que les loix ny les coûtumes ne permettent point qu'on fasse sans examen & sans connoissance, *non visis tabulis, non discußis rationibus*. Madame de Nemours n'a renoncé au contraire à aucun droit certain & acquis, puisque Monsieur de Longueville demeuroit proprietaire de son bien, & le pouvoit vendre & aliener, comme il vouloit.

On a manqué à acomplir la condition stipulée dans la renonciation de la Reine, & à laquelle cette renonciation estoit expressément attachée. Et tant s'en faut qu'on ait manqué à ce qui avoit esté promis à Madame de Nemours, que Monsieur de Longueville son pere luy a donné trente mil écus de surcroit.

La Reine a reclamé contre sa renonciation incontinent aprés la mort du Roy d'Espagne son pere: Et Madame de Nemours a esté plus de dix ans sans se plaindre de la sienne, & a laissé passer tous les temps marquez par la Coûtume de Neuf-Châtel; hors desquels cette Coûtume declare expressément qu'on ne peut plus estre receu à contester ces sortes d'actes, comme on le montrera dans la suite.

Enfin la renonciation de la Reine estoit la renonciation d'une mineure à de grands Estats qui luy estoient devolus, pour une somme tres disproportionnée. Et la renonciation de Madame de Nemours est la renonciation d'une majeure pour une somme si proportionnée à ce qu'elle pouvoit esperer, qu'on s'est offert de luy montrer en détail qu'elle n'auroit eu rien davantage, quand elle n'auroit pas renoncé. N'est-il pas visible qu'on ne sçauroit faire plus de tort aux droits de la Reine, que de vouloir faire croire qu'ils ont quelque rapport à ceux de Madame de Nemours?

c L'abregé que fait ensuite l'Auteur des *Deffenses* de ce qu'on a écrit sur la renonciation de la Reine, luy est aussi inutile que la comparaison qu'il en a voulu faire avec celle de Madame de Nemours est peu juste.

[c] On a fait voir dans le Traité qui en a esté fait, que non seulement ces pactions étoient illicites par les loix Romaines, mais encore qu'elles

estoient condamnées. Elles n'ont jamais permis de faire aucunes stipulations de la succession des vivans, & les Jurisconsultes aussi bien que les Empereurs les ont reprouvées.

Pater instrumento dotali comprehendit filiam ita dotem accepisse ne quid aliud ex hæreditate patris speraret, eam scripturam ius successionis non mutasse constitit privatorum enim cautionem legum auctoritate non censeri. l. ult. de suis & legitimis.

Pactum dotali instrumento comprehensum ut contenta dote quæ in matrimonio collocabatur, nullum ad bona paterna regressum haberet, juris auctoritate improbatur nec intestato patre filia succedere ea ratione prohibetur, leg. 3. de coll.

Papinien rend une belle raison de cette disposition, il dit que la prevoyance des particuliers ne doit jamais prevaloir à l'autorité de la loy qui est un droit public. Les Docteurs, & particulierement du Moulin disent la même chose; mais il est inutile de se servir de leur autorité, puisque la loy s'explique assez d'elle-même.

3 On demeure d'accord que les loix Romaines ont condamné les renonciations. Il n'estoit pas necessaire qu'il prit la peine d'établir un point si connu, & si inutile. Mais il faut qu'il convienne aussi de sa part qu'il est constant, notoire, & indubitable, que nul Estat de l'Europe ne les suit en ce point; & que non seulement ceux qui se reglent par le droit Coûtumier, mais ceux même qui suivent le droit Romain, l'ont abandonné sur ce sujet, pour autoriser la renonciation des filles. On a trouvé par tout que ces loix antiques ne conviennent point à nos mœurs, & à l'inclination qu'ont toutes les nations de l'Europe de conserver les familles dans leur éclat: ce qui ne se peut faire qu'en y conservant le bien, & en ne permettant pas qu'il soit porté en d'autres familles par les mariages des filles.

Sensus, moresque repugnant,
Atque ipsa utilitas, justi propè Mater & equi.

A quoy sert donc d'étaler des loix abrogées, & hors d'usage, puis qu'il est certain qu'elles ne sont loix à l'égard de personne, & que l'unique Loy de l'Europe qui soit en vigueur, & par laquelle on se gouverne effectivement sur ce point, est, que les renonciations que les filles font à la succession de leur pere dans leur contract de mariage, sont bonnes & valides. *Renunciatio quæ fit tabulis nuptialibus moribus recepta & approbata est*, dit Cujas, *Consult.* 2. *in fin.* & *ad leg.* 26. *de verb. obl.* Et du Moulin le plus habile des Docteurs François decide de même dans ses Notes sur le droit Canonique, qu'une fille n'est jamais restituée de ses renonciations sous pretexte de lesion.

Cette loy est le lien, & le fondement de la paix de toutes les familles illustres, c'est l'unique voye par laquelle elles se conservent dans leur splendeur, & on ne sçauroit l'attaquer sans mettre le trouble & la confusion par tout.

Que si l'on pouvoit douter à l'égard de quelque païs de la validité de ces renonciations, on ne le pourroit certainement à l'égard du Comté de Neuf-Chastel, dont il s'agit, qui ne se gouverne point du tout par le droit écrit, mais par la coûtume, & où la coûtume autorise expressément les renonciations. Le Jugement des Estats de Neuf-Chastel en est une preuve, puis qu'on ne peut pas supposer qu'ils ne sceussent pas leur propre coûtume. Mais s'il estoit besoin d'en produire d'autres, on en fournira tant que l'on en voudra.

La pretention de Madame de Nemours est donc déja condamnée par la loy generale de l'Europe, & par la coûtume particuliere de Neuf-Chastel. Elle a renoncé à la succession de son pere. Elle l'a pû faire. Elle n'y peut donc rien pretendre. Il faut qu'elle ait recours à des exceptions de cette loy, & nous verrons dans la suite si ces exceptions luy sont favorables.

d La Constitution de Boniface huitiéme qui a introduit ces stipulations contre le droit Civil, n'a pas esté aprouvée de la pluspart des Docteurs; mais quand on l'a voudroit faire passer pour une loy universellement receuë, elle n'a esté establie qu'en des cas qui ne se rencontrent point en la question presente.

Une des conditions qu'elle contient est, qu'une fille pour renoncer à la succession de ses pere & mere encore vivans doit estre dotée, & même qu'elle *doit l'estre suffisamment selon sa qualité*.

d Il faut que l'Auteur des *Deffenses* ait supposé qu'on n'examineroit point cette Constitution de Boniface, & qu'on l'en croiroit à sa parole pour avoir osé la rapporter icy en la maniere qu'il fait, & en tirer les consequences qu'il en tire.

Premierement, il devoit avoir vû qu'elle estoit absolument inutile pour le different dont il s'agist. Les Constitutions de ce Pape n'ont jamais esté receuës en France, où les renonciations sont approuvées. Ainsi la validité de ces actes ne dépend point d'y estre conformes, & elle en dépend encore moins dans l'Estat de Neuf-Chastel, où l'on ne sçait que trop que l'on ne reçoit point les Constitutions des Papes quoy que les renonciations y soient receuës & autorisées.

La lecture de cette Constitution devoit aussi avoir détrompé l'Auteur, du sentiment de ceux qui ont dit que c'est cette Decretale qui a autorisé les renonciations. Car ce Pape n'a jamais pensé à les autoriser. Il decide un cas particulier, qui est de sçavoir si une fille qui a renoncé aux biens de son pere en se contentant du dot qu'il luy a donné, & qui a confirmé cét acte par un serment, est obligée de tenir son serment. Et il répond qu'oüy, parce que ce serment ne l'oblige à rien qui soit contraire au salut, ou prejudiciable au prochain. *Quamvis pactum patri factum à filia dum nuptui tradebatur, ut dote contenta nullum ad bona paterna regressum haberet, improbet lex civilis, si tamen juramento, non vi nec dolo præstito, firmatum fuerit, ab eadem omnino servari debebit cum non vergat in æternæ salutis dispendium, nec vergat in alterius detrimentum.*

C'est donc un cas de conscience que ce Pape decide, & non une loy qu'il fasse pour aprouver les renonciations. Et cette decision est uniquement fondée

dée sur l'obligation du serment. De sorte que comme les renonciations approuvées par les coûtumes, ne sont point accompagnées de serment, elles ne peuvent estre fondées sur cette Decretale. Elles tirent donc uniquement leur force & leur autorité des coûtumes mêmes, & ainsi il est contre la raison de les vouloir regler & restraindre par cette Decretale dont elles ne dependent point.

C'est ce que l'on peut dire de cette Decretale de Boniface telle qu'elle se trouve au lieu cité par l'Auteur. Mais comme il en rapporte bien d'autres choses qui ne se trouvent point dans les livres imprimez, il auroit esté bon qu'il nous avertit d'où il les a prises.

* Il ajoûte, par exemple, que cette Decretale contient qu'*une fille pour renoncer à la succession de ses peres & meres encore vivans, doit estre dotée*; & *même qu'*ELLE LE DOIT ESTRE SUFFISAMMENT SELON SA QUALITÉ. Cependant on n'y voit rien de cela. Et le cas decidé porte seulement, *que la fille promette à son pere de se contenter de la dot qu'il luy a donnée, & de renoncer à sa succession*. Ce qui signifie seulement que cette fille promet de ne demander rien davantage, & non pas que cette dot soit suffisante selon sa qualité.

Ce Pape a aussi peu songé aux trois autres conditions que l'Auteur rapporte plus bas, comme nous le ferons voir en son lieu.

* * e Il est facile de justifier que Madame de Nemours n'a point esté dotée par Henry d'Orleans son pere, ou du moins qu'elle ne l'a pas esté suffisamment.

Il est vray qu'il paroist par son Contract de mariage qu'il luy a donné la somme de cinq cens mil livres; mais on soûtient qu'en effet f il luy estoit redevable d'une somme beaucoup plus grande, provenante de la succession de Loüise de Bourbon sa mere, dont il avoit eu l'administration pendant la minorité de sa fille.

e Madame de Nemours ne seroit pas restituable contre sa renonciation, quand elle auroit souffert quelque prejudice; comme les Jurisconsultes François le decident expressément, aprés du Moulin: mais l'on a fait voir de plus, qu'elle n'en a souffert aucun.

f Il semble à entendre l'Auteur des *Deffenses*, que les cinq cens mil livres qu'elle a receuës de Monsieur son pere, estoient pour la reddition du compte; mais il s'en faut bien que cela ne soit. On luy avoit rendu un compte exact de tout ce qui luy estoit deu sur le bien de Madame sa mere, & ce compte montoit à une tres-grande somme, qu'on luy a payée, en l'a distinguant expressément de ces cinq cens mil livres.

L'on void par son Contract de mari[illegible] [illegible]'elle porta au Duc de Nemours, outre la moitié qu'elle avoit dans toutes les grandes terres de la Maison de Soissons, la somme d'un million soixante-cinq mil livres en autres effets, & quatre cens soixante & quatorze mil livres, qui luy estoient deuës par feu Monsieur de Longueville, pour son reliqua de compte; de sorte qu'avec ces cinq cens mil livres qu'elle a receuës sur le bien de Monsieur de Longueville, elle avoit plus de deux millions, outre la moitié des terres de la Maison de

Soissons. Ne sied-il pas bien aprés cela à l'Auteur des *Deffenses*, de representer Madame de Nemours, comme une Princesse desheritée, au lieu qu'elle estoit l'une des plus riches de l'Europe?

g Si Madame de Nemours pretendoit qu'on luy a fait tort dans la reddition de compte, elle en devoit demander justice, l'on eût veu ce qu'on eût eu à luy répondre. Mais ce n'est pas dequoy il s'agit presentement, & elle n'en est pas moins obligée de demeurer d'accord qu'elle a receu cinq cens mil livres sur le bien de Monsieur de Longueville, qui n'ont rien de commun avec cette pretenduë reddition de compte, où elle se plaint en l'air qu'elle a esté lesée.

h Qu'on fasse seulement reflexion, que Madame de Nemours ne pouvoit rien pretendre de droit dans toutes les terres de Normandie, qui font la principale partie du bien de la Maison de Longueville; que les autres coûtumes luy faisoient un assez petite part des autres biens, & l'on s'estonnera qu'elle porte ses pretentions si haut, & que l'Auteur des *Deffenses* en parle, comme il fait.

g Il sera facile de justifier* que dans le compte qui en a esté rendu à Madame de Nemours un peu auparavant son mariage, la lesion est plus considerable que les cinq cens mil livres qui luy ont esté données; & sans en faire icy le détail; h peut-on pretendre* qu'une somme si modique soit proportionnée à la grandeur de la Maison de Longueville, qui tenoit un si haut rang dans le Royaume & qui possedoit lors plus de i six cens* mil livres de rente, sans y comprendre les meubles precieux.

i Est-ce que Madame de Nemours pretend qu'on luy devoit aussi donner sa part des appointemens, pensions & autres bien-faits du Roy, qui faisoient une partie considerable de ce grand revenu de Monsieur de Longueville, & qui ont esté soustraits depuis à sa Maison?

k Voicy trois nouvelles conditions que l'Auteur découvre encore dans la Decretale de Boniface, où il est bien difficile de le voir. *Elle n'autorise*, dit-il, *qu'une renonciation faite en faveur du pere*: Mais la resolution de ce Pape estant uniquement fondée sur la Religion du serment, il faut que l'Auteur pour la restreindre aux peres seuls, ait crû que selon ce Pape, une fille n'estoit obligée de garder que les sermens faits en faveur de son pere; ce qui seroit une estrange decision. Outre que la renonciation que Madame de Nemours a faite à la succession de ses freres, estoit en faveur de Monsieur de Longueville son frere, puis qu'elle ne l'a faite qu'en sa consideration.

k Quand on demeureroit d'a-* cord que la fille a esté suffisamment dotée, sa renonciation ne pouvoit pas subsister, n'estant pas aux termes de la Constitution de Boniface.

Car en premier lieu, elle n'autorise qu'une renonciation faite en faveur du pere, & icy on veut que les freres en profitent.

* l En second lieu, elle n'autorise qu'une renonciation faite à la succession du pere, & icy l'on pretend qu'il y à renonciation à celle de ses freres.

l Cette seconde condition est aussi vaine que la premiere, & aussi éloignée de l'intention du Pape, par la raison que nous venons de marquer. Il declare generalement qu'on est obligé de garder les sermens qui ne sont point contraires au salut ny prejudiciables aux prochains. C'est donc à l'Auteur de nous dire, s'il pretend que le serment par lequel on s'oblige de renoncer à la succession des freres, soit plus contraire au salut, ou plus prejudiciable au prochain, que celuy de renoncer à la succession d'un pere.

* m En troisiéme lieu, elle n'autorise la renonciation au profit du pere, que parce qu'il l'a stipulée comme une recompense de la dot qu'il a donné à sa fille, & icy l'on veut que les freres tirent avantage de la renonciation de la sœur, sans qu'ils ayent stipulé dans le Contract de mariage, & sans qu'elles ayent contribué à la dot; c'est à dire qu'on veut qu'ils ayent le profit sans avoir contribué aux charges.

m Le Pape a aussi peu pensé à cette derniere condition qu'aux autres. Il ne dit point que la fille doit observer cette renonciation, *parce que son pere l'a stipulée comme une recompense de la dot qu'il luy a donnée*: Mais parce qu'elle a juré de l'observer & que son serment l'oblige. Quand il le diroit, Madame de Nemours n'en seroit pas mieux. Car on luy répondroit que Monsieur de Longueville a stipulé qu'elle renonçast à la succession de ses freres, comme une recompense de la dot qu'il luy a donnée, & qu'en cette consideration il la luy a donnée plus grande qu'il n'auroit fait, s'il n'avoit exigé d'elle que la renonciation à sa seule succession. N'est-ce pas une estrange maniere de faire voir la nullité de la renonciation de Madame de Nemours, que de citer pour cela une Decretale inutile, faite sur un cas different, & d'y ajoûter des conditions chimeriques, ausquelles le Pape n'a jamais pensé.

* n Les Docteurs François qui ont le plus favorisé les renonciations, les ont toûjours restraintes aux successions directes, & ne les ont jamais estenduës aux successions collaterales; principalement quand ceux que ces pactions regardoient n'avoient point contribué à la dot.

n La distinction que l'on fait icy des successions directes & des collaterales pour la validité de la renonciation, est une speculation contraire à la pratique & à l'usage constant. Le droit François qui authorise l'usage des renonciations aux successions directes, l'authorise également pour les successions collaterales, & tous les Docteurs qui en ont écrit, les estendent dans les deux lignes avec la même facilité. Il y a même des Coûtumes en France, qui expriment en termes formels *les successions collaterales*, & qui permettent d'y renoncer, comme la Coûtume de Poitou, art. 221. s'il arrive, porte cette Coûtume, que les peres marient leurs filles, & leur donnent de leur bien, elle peuvent renoncer à la succession paternelle, maternelle, & collaterale à écheoir, & vaut telle renonciation. Tous les Commentateurs de cette Coûtume, comme *Nicolas Theveneau*, *Barraut*, *Constant*, autorisent la pratique generale de cét article à l'égard; tant des Nobles, que des roturiers, *tam inter nobiles quam inter plebeios*. Et cette question même a esté decidée par deux Arrests celebres du Parlement de Paris, dont l'un fut donné en la Coûtume d'Angoulesme le 29. Juillet 1634. l'autre en l'année 1596.

Aussi ne voit-on point de raison, pourquoy les Coûtumes auroient distingué entre ces deux sortes de renonciations en aprouvant les directes, & condamnant les collaterales. Car s'il s'agit de les comparer ensemble, on trouveroit que celles qui se font aux successions collaterales, sont plus favorables, que celles qui se font aux successions directes, & encore plus lors qu'elle se font en faveur des mâles, & des mâles d'une maison illustre, qui est le cas auquel plusieurs Coustumes du Royaume, suppléent la renonciation des filles, où pour mieux dire, les excluent tant qu'il y a des mâles.

* C'est de l'objection, & non de la resolution de du Moulin que l'on prend sujet de faire cette autre chicane, qu'afin que la renonciation de Madame de Nemours fût bonne, il estoit necessaire que Messieurs ses freres l'acceptassent, & qu'ils la signassent. L'Auteur des *Deffenses* en avançant ce paradoxe n'a pas fait reflexion, que c'est une regle constante au Palais, & confirmée par tous les Docteurs François, que non seulement les renonciations, mais les donations même portées par un Cõtract de mariage, n'ont pas besoin d'estre acceptées; & que quoy qu'en terme de droit l'acceptation soit de l'essence de la donation, cela n'a point de lieu dans les Contracts de mariage, dont toutes les conventions sont inviolables, de quelque maniere qu'elles soint conceuës, parce qu'elles sont le fondement de la societé civile.

La maxime de l'Auteur des *Deffenses* pourroit avoir un peu plus d'apparence, s'il s'agissoit des collateraux du pere même, pour lesquels il n'eût pas droit de stipuler ou de parler, mais elle choque le sens commun à l'égard de ceux qui sont tellement collateraux, à l'égard de

* Mais ils ont toûjours esté presque d'un même sentiment que pour faire valoir une renonciation, il faloit qu'elle fust acceptée par celuy à la succession duquel elle estoit faite; du Moulin luy même un des plus grands deffenseurs de la Jurisprudence coutumiere decide nettement dans son Conseil 55. que ce deffaut rend les renonciations nulles.

En effet cette opinion est fondée sur la disposition de toutes les loix, la renonciation enferme necessairement une paction de ne point succeder; Or il est constant que toutes pactions sont nulles sans le consentement des contractans, à plus forte raison celles qui regardent la succession d'un homme vivant; (d'ailleurs fort odieuses) ne pourront

ront subsister sans le consentement de toutes les parties interessées.

Mais ce qui ne reçoit point de replique, c'est que par ces renonciations on exclud d'une succession celuy qui y estoit appellé par la loy & contre la disposition de la même loy, elle est transferée à un autre qui n'y avoit point de droit; Or si celuy de la succession duquel on dispose par ces pactions n'estoit ny present ny acceptant, ce seroit luy donner un heritier contre son consentement, & pervertir ainsi dans les successions l'ordre de la nature & la disposition des loix.

Comment donc peut-on pretendre que les renonciations de Madame de Nemours soient valables pour la succession de ses freres, qui n'ont esté ny presens ny consentans dans son Contract de mariage, Henry d'Orleans leur pere & leur Tuteur, n'y a pas même parlé pour eux, & il ne se trouvera pas qu'il en ayt seulement prix la qualité.

la fille qui renonce, qu'ils sont dans la ligne directe à l'égard du pere, c'est à dire qui sont ses propres enfans.

Car comment pourroit-on soûtenir qu'il fût necessaire que des freres en faveur de qui une sœur renonce, acceptassent cette renonciation, veu que souvent ils ne sont pas encore nés. Souvent ils sont encore mineurs, & les freres de Madame de Nemours l'estoient effectivement au temps de sa renonciation. Il suffit donc que le pere, qui est le chef de la famille, & qui stipule ces sortes de renonciations pour l'avantage de ses enfans, *Consilium capiat pro liberis suis*. Son consentement est le leur; parce que leur volonté & leur jugement est encore renfermé dans la volonté & le jugement de leur pere.

Ainsi la loy derniere au Code *de pactis*, n'a point de lieu parmy nous en matiere de renonciations faites par Contract de mariage, ce qui est si certain & si notoire, qu'il ne faut que lire Loüet, sous la lettre R. au nombre 17. & 18. & ce qu'a écrit son Commentateur sur cét endroit.

C'est pourquoy du Moulin qui se propose l'objection, dont l'Auteur des *Deffenses* a fait sa raison, decide ensuite dans sa resolution, qu'une fille, qui ayant promis par son Contract de mariage de renoncer à la succession de son pere & de sa mere, fait sa renonciation par un acte separé, où sa mere ne signe point, est excluse neanmoins de sa succession. Ce qui marque d'une part combien les conventions portées par un Contract de mariage, sont inviolables, & de l'autre, que les renonciations ne sont point des actes de rigueur & de formalité, où la signature & acceptation de ceux en faveur de qui l'on renonce soit essentiellement requise, & qu'il suffit que l'on soit assuré d'ailleurs de leur consentement. Comme on est assuré, autant qu'il est necessaire, du consentement d'enfans mineurs à la renonciation qu'on fait en leur faveur par l'avantage qu'ils en reçoivent, & par le consentement de leur pere qui contient le leur.

p Il faut que la contrainte dont le pere auroit usé soit justifiée par d'autres preuves que par de simples protestations, Or tant s'en faut que l'on en puisse produire, qu'il est de notorieté publique que Monsieur de Longueville pere n'étoit nullement d'humeur à contraindre Madame de Nemours, ny Madame de Nemours à souffrir d'estre contrainte.

q Il est clair par là que ces protestations sont absolument inutiles à Madame de Nemours à l'égard de Neuf-Chastel, parce que la coustume y porte expressément *que toute protestation est nulle, lors que l'on ne l'a pas fait valoir en Iustice dans l'an & iour qu'elle a esté faite.* Ainsi Madame de Nemours n'a qu'à compter combien il s'est passé d'années depuis l'an & jour de cette protestation, pour sçavoir combien il y a de temps que cette protestation est un papier inutile.

r Ce silence prouve que Madame de Nemours à la passion naturelle aux personnes de sa qualité pour la grandeur de sa Maison, & cette passion découvre qu'elle s'est portée tres librement à cette renonciation.

s Madame de Nemours pretendoit donc demeurer toûjours maistresse de sa renonciation, & la faire subsister ou l'aneantir selon les evenemens. Pendant que feu Monsieur de Longueville son frere estoit en estat de soutenir l'éclat de sa Maison, elle vouloit bien qu'il joüit du bienfait de sa renonciation, & que cette renonciation contribuast à son establissement dans le monde; aprés sa mort elle veut la détruire. Mais les loix ne luy permettent pas d'en disposer de la sorte: & puis qu'elle a bien voulu que son frere joüit de sa renonciation durant sa vie; elle ne peut plus l'aneantir aprés sa mort.

t L'Auteur des *Deffenses* ne pouvoit pas plus mal appliquer ses axiomes qu'à

p Madame de Nemours soutient d'avantage qu'aux termes de la Constitution, les renonciations qu'elle a faites ne peuvent subsister, parce que c'est l'effet de l'autorité paternelle, & qu'elle a reclamé dans le temps & par les voyes de droit, elle a fait ses protestations en bonne forme avant son mariage, & les a reïterées dans tous les actes subsequens. *

q Il est vray qu'elle ne les a pas renduës publiques jusqu'à present, mais son r silence bien loin de luy faire prejudice doit estre consideré comme une preuve de l'affection qu'elle a eüe pour son nom, dont elle a voulu conserver la gloire en la personne de ses freres. * *

s A present que l'estat de sa Maison est changé & qu'elle se voit éloignée de toutes les esperances, on ne doit pas trouver estrange qu'elle fasse valoir tous ses droits, & qu'elle se plaigne de la contrainte qu'elle a soufferte, & qu'elle a dissimulée par des raisons qui ne subsistent plus. *

t Les Contracts les plus solemnels, même ceux qui re- *

gardent la sainteté de la Religion & le culte des Autels, ont toûjours esté reputez nuls, lors que la force, la surprise où l'autorité y ont eu quelque part.

Madame de Nemours, qui a toujours esté la Princesse du monde la plus libre & la plus incapable d'estre contrainte.

La liberté des contractans est de l'essence des actes pour peu qu'elle ait esté blessée, il y a lieu à la restitution que les loix n'ont jamais refusée.

On ne manquera pas de dire que ces raisons prouvent trop, & que si la reverence paternelle estoit un moyen d'annuler les stipulations aussi favorables que celles des Contracts de mariage, il n'y en auroit aucunes qui pussent subsister, & que la foy publique aussi bien que la seureté des particuliers, seroient facilement violées.

Mais si d'un costé on considere un pere aussi puissant en credit, & qui tenoit un rang aussi considerable que Henry *d'Orleans; x de l'autre une fille qui avoit toûjours esté sous sa Tutelle, & à qui il n'avoit rendu compte qu'au temps de son mariage, avoit raison de craindre que ses gens d'affaires ne luy fissent pas toute la Justice qu'elle pouvoit esperer. Si l'on regarde encore la modicité de la dot, qui n'estoit en effet qu'une partie de la restitution par elle pretenduë, & qu'on adjouste à toutes ces circonstances les protestations de Madame de Nemours, comme le seul remede que les loix ont donné à ceux qui n'ont pas la liberté de se plaindre, il est sans doute qu'on jugera ce moyen indubitable pour estre restituée contre sa renonciation.

x Je ne sçay quel fruit l'Auteur des *Deffenses* pretend tirer de ces lieux communs si contraires à l'impression commune.

*. x On peut icy adjouster un exemple qui doit estre d'autant plus considerable à Madame de Longueville qu'il est domestique. Monsieur le Prince aprés le deceds du Cardinal de Richelieu, n'a pas laissé de pretendre partager dans la succession, nonobstant les renonciations portées par son Contract de mariage, il obtint des lettres de restitution sous le nom de Madame la Princesse, fondées sur la grande autorité de ce Ministre, qui l'avoit obligée à faire ces renonciations. L'affaire portée à la grand'Chambre du Parlement de Paris fut trouvée de telle consequence, qu'encore que les biens dont estoit question fussent situez dans des Coustumes, où les

x Monsieur le Prince à des moyens tres-particuliers & tres-distinguez de ceux de Madame de Nemours, à l'égard de la renonciation qu'il attaque & qui ne peuvent paroistre semblables qu'à ceux qui ne sont pas informez du fond de ces deux affaires.

renonciations sont favorables, elle fut apointée & l'instance y est encore pendante.

y L'Auteur des *Deffenses* à raison de dire qu'à l'égard de la Souveraineté de Neuf-Chastel il y a des raisons qui ne reçoivent point de replique : mais le mal est que ces raisons particulieres sont toutes contre Madame de Nemours; nous avons déja fait voir que les protestations pretenduës de Madame de Nemours sont absolument nulles par la coustume de Neuf-Chastel ; en voicy encore un autre article qui l'excluë entierement de contester sa renonciation : car cette coustume porte, *que les filles qui par un traité de mariage fait avec leurs peres ont renoncé à leur succession, ne peuvent plus estre receuës à contester l'acte de leur renonciation, si elles ne le font pas dans les six semaines aprés la mort de leur pere.* D'où il s'ensuit que Madame de Nemours ne l'ayant point fait dans les six semaines aprés la mort de Monsieur de Longueville son pere, elle n'est plus dans le temps de reclamer contre cét acte, ny de rien pretendre à la succession de ce pays-là.

Enfin c'est une raison particuliere à l'Estat de Neuf-Chastel, & qui fournit encore une fin de non recevoir indubitable contre Madame de Nemours que l'on y acquest prescription dans l'espace de dix ans : sans qu'on soit receu à alleguer que la prescription n'a point couru pendant un certain temps pour quelque cause que ce soit, d'où il s'ensuit qu'elle ne peut plus estre receuë à contester sa renonciation.

y Mais quand toutes ces raisons cesseroient, il en reste une en faveur de Madame de Nemours pour les Souverainetez de Neuf-Chastel & de Vallengin, qui ne reçoit point de replique ; z c'est une maxime* constante, & qui est conforme à l'opinion de tous les Docteurs, que dans les renonciations generales, les Souverainetez ne peuvent estre sousentenduës. *In generali renunciatione quibuscumque verbis concepta, regalia, & ea quæ sunt in signum superioritatis & Iurisdictionis universalis nunquam veniunt nec subintelliguntur.*

Cette doctrine est universellement receuë pour tout ce qui regarde les choses de condition eminente, même les simples droits de Seigneurie, comme sont les nominations aux Offices & Benefices qui ne sont jamais compris dans les delaissemens faits en termes generaux, soit à titre d'amphiteose, d'engagement, où même d'appanaga, & ils doivent estre exprimées nommément, & en termes formels.

z La speculation de ces Docteurs, qui n'est d'ailleurs d'aucune autorité, veut dire seulement que quand on renonce generalement à une terre sans rien specifier, les droits Seigneuriaux n'y sont point compris, mais ils n'ont jamais entendu qu'en renonçant absolument à une succession, on ne renonçast pas à tout, ce qui est compris dans cette succession. Ainsi comme les Souverainetez hereditaires y sont comprises, on y renonce en y renonçant, & ce seroit une chicanerie contraire au sens commun de les en vouloir excepter.

On

* a On ne doit jamais comprendre dans un acte que ce qui y est enoncé, où si on veut l'estendre à d'autres choses, il faut que ce soit par une presomption certaine & invincible de la volonté des contractans. Or la Souveraineté ne se trouvant pas dans les termes formels de l'acte de renonciation, peut-on dire qu'elle soit dans l'intention. Cela n'a point d'apparence, parce qu'il n'est pas à presumer qu'une chose si precieuse, & dont le titre est si auguste ayt esté volontairement abandonnée.

* b. Madame de Nemours passe plus avant, & soutient qu'on ne pourroit pas même renõcer en termes exprés à un droit de Souveraineté. Il ne passe point aux enfans & aux heritiers par la force des conventions, mais par le droit de sang auquel on ne doit renoncer par quelque acte que ce soit.

* c D'ailleurs il y à entre le Souverain & les sujets, un lien qui ne peut estre rompu que par le consentement commun. Ainsi quand la Reine d'Aragon se demit de sa Royauté en faveur de Ferdinand son fils, ce fut en presence des Estats qui furent à cét effet convoquez à Valladolid. Quand Charles Quint remit ses Estats à Philippes son fils,

a Quiconque enonce qu'il renonce à une succession, enonce tres-precisément qu'il renonce à tout ce que la succession comprend. Or la Souveraineté de Neuf-Chastel estoit comprise dans la succession de Monsieur de Longueville, & ainsi Madame de Nemours a enoncé qu'elle y renonçoit. Et cela paroist d'autant plus qu'elle a excepté de sa renonciation ce qu'elle en vouloit excepter, comme l'Hostel de Longueville, meubles & acquests, & qu'elle n'a point excepté la Souveraineté de Neuf-Châtel, quoy qu'elle n'ignorast pas que cét Estat ne fist une partie tres-considerable du bien de Monsieur son pere, & que dans l'acte même de sa renonciation, il est pris qualité de Comte de Neuf-Châtel & de Vallengin.

b L'Auteur des *Deffenses* qui pretend la Souveraineté de Neuf-Chastel divisible, fait avancer icy à M. de Nemours une maxime inoüie & insoûtenable, qui est qu'une fille ne puisse renoncer à une portion d'une Souveraineté divisible en faveur de l'heritier necessaire : & l'on peut dire au contraire, que de toutes les renonciations, c'est la plus favorable & la plus conforme à l'esprit des coûtumes qui ont autorisé ces renonciations. Car comme il n'y a rien qui puisse plus diminüer l'éclat d'une famille que la division des Souverainetez; il est indubitable que quand les Souverainetez sont divisibles, il n'y a point de renonciation plus favorable que celle par laquelle une fille en quittant la part qu'elle y pouvoit pretendre, en empéche la division au profit des autres heritiers.

Il est donc contre la raison de pretendre que les coûtumes n'ayant introduit les renonciations que pour cette fin, ayent voulu interdire le principal moyen d'y arriver, qui est d'empécher le partage des Souverainetez.

c Si la Souveraineté de Neuf-Chastel

estoit divisible ; & qu'il fust besoin du consentement du peuple pour rendre bonne la renonciation de Madame de Nemours, elle ne pourroit pas dire que cette condition manque à la sienne. Le Jugement des trois Estats qui a declaré sa renonciation bonne en est déja une approbation formelle.

Et de plus le serment presté à feu Monsieur de Longueville, qui a esté reconnu seul Souverain, comprend un consentement general à tout ce qui est necessaire pour l'établissement de son droit ; & par consequent il comprend un consentement à la renonciation de Madame de Nemours, si elle estoit necessaire pour faire qu'il n'y eût que Monsieur de Longueville qui eût droit à cette Souveraineté.

Mais c'est de plus une pensée sans fondement, qu'on ne puisse renoncer à la succession future d'une Souveraineté, même au profit de ceux qui en auroient une partie, sans le consentement des Estats.

ce fut en presence de tous les Ordres des Provinces qu'il avoit convoquez à Bruxelles. Dans ces derniers temps la Reine de Suede, & le Roy de Pologne, ont fait abdication de leur Couronne avec les mêmes solemnitez ; & enfin l'Abbé d'Orleans luy-même voulant se demettre des parts & portions qui luy appartenoient dans les Principautez de Neuf-Chastel & de Vallengin, entre les mains de Charles Paris d'Orleans son frere, on crût que la donation en devoit estre faite en presence des Estats du païs qui furent à cette fin assemblez à Neuf-Châtel.

Et l'argument qu'on tire de quelques Princes ou Princesses qui ont fait abdication en pleins Estats, est tout à fait defectueux.

Car il y a une difference infinie entre la possession actuelle d'un Estat & le seul droit à la succession future de cét Estat. Les sermens que les Princes prestent à leurs sujets, & qu'ils reçoivent d'eux lors qu'ils entrent en possession de leurs Souverainetés, forment une liaison tout autre, que celle d'un simple droit à une succession incertaine. C'est la proprieté & la possession actuelle qui forme proprement le lien entre les sujets & le Prince. Et comme les peuples ne sont point encore sujets de ceux qui peuvent seulement devenir leurs Princes, ils ne sont point encore proprement liez à eux.

Il n'est donc pas étrange que l'engagement & la liaison qu'un Prince a avec ses sujets ne se puisse rompre que d'une maniere solemnelle, & par une espece de consentement reciproque. Mais il n'est jamais venu dans l'esprit de personne avant l'Auteur des *Deffenses*, d'étendre cette maxime jusqu'à ceux qui peuvent devenir heritiers d'un Estat, mais qui n'ont encore aucun droit acquis & certain, ny d'exiger ces solemnitez aux renonciations qu'ils en peuvent faire.

c On voit que tout est bon à l'Auteur des *Deffenses*, & qu'il n'y a rien dont il ne se fasse des argumens. Le Seigneur d'un fief, dit-il, ne peut pas aliener ses vassaux. Je le veux. Mais M. de Nemours

c. Quand il ne s'agist que* d'un simple droit de Seigneurie, de Fief ou de Justice, il n'est pas permis de le transferer, & le Seigneur n'a pas la liberté d'alliener ses vassaux ny ses Justiciables; la doctrine establie dans le traité des fiefs, passe bien plus avant, & resout qu'il n'y à aucune disposition de pere, soit entre-vifs où par Testament, qui puisse estre valable contre la loy des fiefs.

Nulla ordinatione defuncti patris in feudum manente vel valente, id est quod nulla omninò ordinatiò sive inter vivos, sive in ultima voluntate fiat, in feudis locum habet, cap. seq. de success. feudi.

n'avoit ny fiefs ny vassaux à Neuf-Chastel. En quoy donc cette regle la peut-elle regarder. Y a-t'il quelque Jurisconsulte qui dise qu'il ne soit pas permis par la coûtume de renoncer à une succession future & incertaine d'un fief en faveur de l'heritier necessaire ? Et n'est-ce pas au contraire l'esprit de toutes les coûtumes, d'empécher autant qu'elles peuvent, la division des fiefs, & de les laisser aux mâles; à quoy les renonciations des filles en faveur de leurs freres sont tres-favorables.

Il est clair par tout ce qui a esté dit, qu'il n'y eut jamais de renonciation si legitime & si inviolable que celle de Madame de Nemours.

Elle est autorisée par toutes les coûtumes de l'Europe, & en particulier par celle de Neuf-Chastel.

Ces protestations qu'elle pretend avoir faites ne paroissent point. Et outre qu'elles sont i llusoires estant faites par une fille majeure contre un pere qui luy a toûjours laissé toute sorte de liberté, & sans qu'elle ait souffert aucun prejudice *notable*, elles sont de plus absolument nulles dans la coûtume de Neuf-Chastel, qui ne donne qu'un *an & jour pour les faire valoir en Justice*. Et qui ne reçoit point des filles à reclamer contre des renonciations portées par des contracts de mariage, *à moins qu'elles ne le fassent dans les six semaines depuis la mort de leur pere*. Et enfin qui ne permet point qu'on se releve d'aucun acte aprés dix ans, ausquels elle borne les prescriptions.

* d Ainsi la renonciation de Madame de Nemours, & par les nullitez qui s'y rencontrent, & par la contrainte qui l'a fait faire, & par la qualité du sujet où l'on veut l'appliquer est un acte inutile, & qui ne peut jamais produire l'effet que Madame de Longueville se propose.

d Ainsi n'y ayant rien du plus legitime de soy que la renonciation de Madame de Nemours, ny dont elle ait moins de lieu de se faire relever; Il n'y à qu'une seule raison qui prouve qu'elle est de nul effet à l'égard de Neuf-Chastel, que son Avocat a oublié. C'est que n'ayant jamais pû y rien pretendre, & en estant tres-certainement excluse par la coustume qui a rendu cette Souveraineté indivisible, elle n'a pû proprement y renoncer puisque personne ne renonce qu'à ce qui luy peut appartenir.

REPONSE A UN ECRIT INTITULÉ

Deffenses des droits de Madame de Nemours pour les Souverainetez de Neuf-Chastel & de Vallengin.

QUATRIEME PARTIE.

Contenant la réponse à la seconde question, sur l'indivisibilité de l'Estat de Neuf-Chastel.

Comme on ne s'égare d'ordinaire dans l'examen des questions, que parce qu'on y raisonne sans principe, & que c'est en particulier la source des erreurs où est tombé l'Auteur des *Deffenses* de Madame de Nemours dans ce qu'il a écrit, pour prouver que le Comté de Neuf-Chastel est divisible; on a crû qu'avant que d'y répondre en détail il estoit bon d'establir d'abord les principes tant de droit que de fait, dont cette question dépend.

Quand on dit que tous les biens sont divisibles de leur nature, on veut dire seulement que la nature des biens temporels ne repugne pas à la division; mais on peut dire de même, qu'il n'est pas aussi contre leur nature d'estre indivisibles. De sorte que ny l'une ny l'autre de ces qualitez n'y estant naturellement attachée, ils reçoivent l'une ou l'autre par le moyen des loix positives & des establissemens humains.

Car il ne faut pas s'imaginer que les loix touchant les biens temporels soyent des reglemens descendus du Ciel, ny des conclusions d'une verité immuable que l'on tire des loix eternelles par une lumiere vive & pure. Ce ne sont que des declarations de la volonté de ceux qui ont autorité de faire ces loix, qui de plusieurs choses indifferentes en elles-mêmes choisissent celles qu'ils jugent les plus avantageuses selon les circonstances où ils se trouvent, & les fins qu'ils se proposent.

C'est pourquoy, comme il n'y a rien de moins uniforme & de moins con-

A*

stant que les veuës & volontez des hommes ; il ne faut pas chercher d'uniformité ny d'immutabilité dans leurs loix, ny selon les païs ny selon les temps. Et ainsi il n'y a point de consequence necessaire à tirer d'un pays à un autre, ou d'un temps à un autre. Et quand il s'agit d'examiner à qui appartiennent certains Estats, il faut absolument s'arrester aux loix presentes de cét Estat même, sans pretendre remonter à des temps éloignez, ny avoir recours aux loix qui s'observent dans d'autres pays.

Quand on met donc en question si l'Estat de Neuf-Chastel est indivisible ou non, il ne s'agit pas de sçavoir s'il y a eu autrefois, où s'il y a encore des Souverainetez divisibles dans tout le reste du monde, ny si celle de Neuf-Chastel l'estoit il y a quatre ou cinq cent ans. Car quoy qu'elle ne l'ait jamais esté, ce n'est pas neanmoins dequoy il s'agit : & il est question uniquement si elle l'est, selon les loix qui y sont presentement en vigueur.

Or l'on doit juger qu'une loy est en vigueur & tient lieu de loy, lors qu'étant constant qu'elle a esté, il ne paroist point qu'elle ait esté abolie, ny par une loy expresse, ny par une autre coustume, & que l'on l'a trouve au contraire suivie dans toutes les occasions importantes où il y a eu lieu de l'observer.

Il est certain de plus qu'afin qu'un reglement tienne lieu de loy dans un Estat, il n'est pas necessaire qu'il soit écrit, & qu'il suffit qu'il soit regardé comme une coustume que l'on doit suivre, & qu'il ait esté en effet suivy dans les Jugemens solemnels & dans toutes les occasions importantes. Car ce consentement commun estant ce qui donne la force à toutes les loix écrites, communique la même autorité à toutes les coustumes non écrites, quand il paroist qu'on les regarde comme les regles qu'on doit suivre.

Enfin il est certain que comme il y a des loix particulieres pour les Fiefs, il y en peut avoir aussi pour la succession des Principautez & des Estats Souverains, parce que le Prince & les Estats peuvent avoir eu des interests & des raisons particulieres de les establir, & qu'ils ont l'autorité de le faire.

Qu'est-ce donc que d'examiner si l'Estat de Neuf-Chastel est indivisible? C'est examiner si les Princes & les peuples de Neuf-Chastel ont voulu que leur Estat fut indivisible. S'ils ont observé cette coustume, & s'ils ont jugé qu'elle devoit estre observée. S'ils ont attaché la qualité d'indivisibilité à cette Souveraineté. Ils l'ont pû faire s'ils ont voulu. Cela est certain. Il est question s'ils l'ont fait.

Ces principes de raison conduisent d'eux même à l'examen des faits, & font voir que c'est de ces faits que dépend la decision de ce differend, parce qu'on ne peut s'assurer que par cette voye de la volonté de ceux qui ont esté en droit de faire & d'autoriser les loix.

Or en mettant à part les faits contestez qu'on examinera dans la suite: Voicy ce que l'on trouve de certain & d'incontestable dans l'Histoire de cét Estat.

On y void que depuis que la foiblesse de l'Empire donna moyen à ceux qui estoient puissans de s'emparer de diverses Principautez sous differens titres, cét Estat a esté possedé par quatre familles avec le titre de Comté.

La premiere qui s'appelloit proprement la famille de Neuf-Chastel, finit l'an 1395. par la mort d'Isabelle Comtesse de Neuf-Chastel.

La seconde qui est celle de Fribourg à laquelle le Comté de Neuf-Chastel passa par le Testament qu'Isabelle fit en faveur de Conrard Comte de Fribourg fils d'Egon & de sa sœur Varenne, finit en la personne de Jean de Fribourg son fils qui mourant sans enfans institua son heritier Rodolphe Marquis d'Hochberg fils d'Anne de Fribourg fille de Varenne l'an 1458. & par là le Comté passa à la maison d'Hochberg.

Cette troisiéme famille le posseda jusques en l'an 1504. auquel Jeanne de Hochberg le porta en la maison de Longueville qui le possede ainsi depuis cent soixante & neuf ans.

Il y a quelque chose de commun & quelque chose de particulier entre ces quatre familles, en ce qui regarde les partages qui ont esté faits de la succession des Comtes de Neuf-Chastel.

Ce qu'il y a de commun est 1. que le titre de Comte, auquel la Souveraineté est attachée a toûjours appartenu uniquement à l'aisné, sans que les cadets ny les filles y ayent jamais eu part. 2. Que les filles n'y ont pas même eu aucune terre en proprieté quand il y a eu des mâles en même degré, mais seulement quelque somme d'argent ou quelque terre par engagement.

Ce qu'il y a de particulier, est que sous la premiere famille il paroist que quoy que l'aisné seul portast le titre de Comte, neanmoins les cadets avoient quelque domaine en partage, qu'ils tenoient en foy & hommage de l'aisné, & quelque part aux droits seigneuriaux qui estoient distinguez des droits de la Souveraineté. ce qui les a fait appeller quelquefois *Cosseigneurs* de Neuf-Chastel, quoy que l'aisné seul portast le titre de Comte.

Mais dans les trois dernieres familles, c'est à dire depuis 1395. on ne trouve point que la Souveraineté ny les Domaines ayent esté partagez, ny que les cadets ayent eu autre part à la succession des Princes, que celle de quelque recompense en quelques terres hors le Comté.

Et il ne faut pas s'imaginer que cela soit arrivé seulement par les soins que les peres prenoient d'empécher par leurs testamens que le Comté ne fût divisé. Car outre que cette suite de testamens uniformes durant l'espace de plus de quatre cens ans, & qui contiennent tous la même disposition en faveur de l'aisné, est une espece de loy de famille; & qu'il est même sans apparence qu'ils se fussent tous rencontrez dans ce même dessein de donner à l'aisné un avantage que la coûtume ne luy auroit pas donné, il paroist de plus par les partages qui ont esté faits, lors qu'il n'y avoit point de testament, que ceux qui ont laissé à l'aisné la Souveraineté toute entiere, n'ont pretendu que suivre la coûtume par leur disposition testamentaire.

Il ne paroist point par exemple que Rodolphe Comte de Neuf-Chastel qui laissa quatre enfans, Amedée, Henry, Jean & Richard, & deux filles Agnelette & Marguerite, ait fait aucun testament. Cependant par le Jugement que rendit Thierry Cosseigneur de Montbeliard, leur grand pere, que les freres avoient choisi pour arbitre, Amedée seul eut la Souveraineté, ses freres n'eurent que quelques parties du Domaine, avec obligation expresse d'en faire hommage à l'aisné, & les filles certaines terres évaluées à la somme de mil livres.

On ne voit pas non plus qu'Amedée ait fait aucun testament. Cependant quoy qu'il eut outre Rodolphe son fils quatre filles, Alix, Sibilette, Agnes & Nicole, non seulement Rodolphe demeura seul Comte de Neuf-Chastel, & fut reconnu pour tel dés son bas âge par ses oncles, comme on le montre dans le Memoire, mais ce fut luy de plus qui dota ses sœurs.

Il paroist par le contract de mariage d'Alix mariée à Ulric de Porta en 1329. qu'elle eut quatre cens livres de dot.

Il laissa par son testament fait l'an 1337. cent livres de rente à sa sœur Sibilette, & peu de chose aux deux autres qui estoient Religieuses.

On peut juger par là ce qui appartenoit aux filles dans la coûtume de Neuf-Chastel, car il est sans apparence qu'il leur ait moins donné qu'il ne leur devoit, & l'on pourroit croire même qu'il leur a donné plus qu'il n'estoit obligé.

Le testament de Loüis Comte de Neuf-Chastel ne dérogeoit en rien à la coûtume, puis qu'il portoit expressément qu'il instituoit ses deux filles heritieres selon les *Us & Coustumes de Neuf-Chastel*. Cependant par ce testament même Varenne la cadette, qui devoit estre traitée comme un cadet, puis qu'il n'y avoit point de mâle, n'eut que la Chastelenie du Landron qui n'estoit qu'une partie du Comté de Neuf-Chastel, & dont elle fut obligée de faire hommage à son aisnée, qui demeura seule Comtesse de Neuf-Chastel. Et voila ce qui passoit en ce temps-là pour *Us & coûtume de Neuf-Chastel*.

Ce ne fut point aussi en vertu d'aucun testament qu'en 1543. aprés la mort de Jeanne d'Hochberg le Comté de Neuf-Chastel demeura tout entier à François d'Orleans fils de l'aisné de la Maison de Longueville. Cependant dans l'acte de partage, il est dit, *que le Comté de Neuf-Chastel appartenoit à luy seul, parce qu'il est indivisible.*

Ce fut sur le même fondement que les trois Estats de Neuf-Chastel jugerent que Leonor d'Orleans & Jacques de Savoye Duc de Nemours, à qui de leur consentement ils avoient donné conjointement l'investiture de Neuf-Chastel, devoient donner un seul *Chef & Seigneur* à cét Estat. A quoy ces Princes se soûmirent; & ce qui fut executé aprés le Jugement arbitral que rendit ensuite le Canton de Berne, par lequel le Comté entier demeura à Leonor d'Orleans, au lieu que le Duc de Nemours n'eut pour toutes ses pretentions qu'une terre de deux mil livres de rente hors du Comté de Neuf-Chastel.

Quoy que ce Jugement ait esté rendu sur un accord provisionel fait entre les deux Princes, auquel Leonor d'Orleans avoit consenty *sans prejudice de la totalité*, & qu'il semble que par le Jugement que les Estats rendirent en 1552. ils se soyent contentez de decider qu'il n'y pouvoit avoir qu'un seul *Chef & Seigneur* dans cét Estat, c'est à dire que la Souveraineté & la Seigneurie de ce Comté estoit indivisible, sans determiner à qui des deux Princes il devoit appartenir: neanmoins ils deciderent en effet la question par là, & adjugerent le Comté à Leonor d'Orleans à l'exclusion du Duc de Nemours. Car ce Duc n'en ayant jamais demandé que la moitié, ne pouvoit pas esperer d'obtenir plus que ce qu'il avoit demandé. Les Estats ayant donc declaré que le Comté estoit indivisible, il s'ensuivoit necessairement que le Duc de Nemours n'y pouvoit rien pretendre. Il ne pouvoit l'avoir tout entier, parce qu'il n'en avoit demandé que la moitié, & il n'en pouvoit avoir la moitié, parce qu'il estoit indivisible. Ainsi

Ainsi quand Messieurs de Berne, que ces Princes prirent pour Arbitres, l'adjugerent tout entier à Leonor d'Orleans, ce ne fut point un nouveau Jugement, mais ce fut seulement l'execution de celuy de Neuf-Chastel; qui n'eut pour effet à l'égard du Duc de Nemours, que d'obliger Leonor d'Orleans à luy donner une recompense, ce qui fut aussi suivy par Messieurs de Berne.

On se regla par la même coustume dans le partage qui fut fait entre Henry Duc de Longueville & François Comte de saint Paul son oncle & ses sœurs. Le Comté de Neuf-Chastel demeura tout entier à Henry Duc de Longueville comme fils de l'aisné, sans que le Comte de saint Paul ny ses sœurs ayent rien eu.

Il ne faut pas s'imaginer que ces recompenses qu'on donnoit aux cadets hors du Comté dans ces trois dernieres familles, eussent aucune proportion avec le Comté, qui demeuroit à l'aisné.

Cela même eût esté impossible. Car le Comté ayant esté declaré indivisible en Souveraineté & en Seigneuries, le moyen que l'on eût donné aux cadets une recompense égale? Aussi voit-on que la terre de Sainte Croix en Bourgogne, qui ne valoit en 1543. que six cens livres de rente, & en 1558. deux mille, a servy deux fois de recompense totale aux cadets.

Voila la coûtume establie & suivie sans aucun exemple contraire dans tous les actes importans où l'on ait eu necessité de la suivre.

La voila reconnuë par les coheritiers du Prince, par les Estats, par les Princes même, & par le Jugement des arbitres. Que faut-il d'avantage pour prouver que c'est la coûtume & la loy du Comté de Neuf-Chastel?

Quand il n'y auroit aucun exemple de cette indivisibilité dans les trois premieres familles, le seul Jugement rendu par les trois Estats de Neuf-Chastel en 1552. suffit pour avoir estably l'indivisibilité du Comté en forme de loy. Car que faut-il autre chose pour faire une loy touchant la succession d'un Estat, que le consentement du Prince & de l'Estat, suivy de l'execution. Or tout cela se rencontre dans ce Jugement.

Les Estats y declarerent que les Princes devoient donner *un seul Chef & Seigneur*. Les Princes y consentirent & promirent d'executer ce Jugement. Les Audiences generales qu'on assembla l'année suivante en demanderent l'execution, les Procureurs des Princes la promirent pour eux. Mais ne l'ayant pas encore fait en 1557. ils y furent obligez à l'instance des Estats, & de tous les habitans du païs, & ils l'executerent effectivement. Et tous les Princes ont juré depuis d'observer les coûtumes du païs, entre lesquelles celle-là tient le premier rang.

Voila donc l'indivisibilité authentiquement establie, quand elle ne l'auroit pas esté auparavant, & cette loy n'ayant point esté abolie, & ayant esté suivie dans la derniere occasion où il y a eu lieu de la pratiquer, elle subsiste dans sa vigueur, & doit estre par consequent inviolablement observée.

Les loix humaines ne sont pas naturellement justes, mais c'est pourtant une obligation de droit naturel de les observer, dés qu'elles sont establies. On auroit pû absolument parlant rendre le Comté de Neuf-Chastel divisible, si l'inclination de ceux qui ont introduit cette coûtume s'estoit tournée d'un autre costé. Mais on a eu de tres-fortes & de tres-pressantes raisons d'establir l'indivisibilité en loy & en coûtume. Ceux donc à qui cette coûtume le donne en deviennent, par là legitimes possesseurs, & n'en peuvent estre privez que par une injuste usurpation.

Si Madame de Nemours se vouloit faire justice à elle-même, & donner entrée aux raisons d'équité, elle reconnoistroit sans peine qu'il n'y a personne qui soit plus obligée qu'elle de ne pas donner atteinte à l'indivisibilité de cét Estat. Car enfin, d'où vient qu'il est venu tout entier à la Maison de Longueville? Pourquoy depuis qu'il y est n'a-t'il pas esté partagé en diverses portions, qui l'auroient aneanti? Pourquoy est-elle encore en estat de l'esperer tout entier, si elle survit à Monsieur son frere?

N'est-ce pas cette loy de l'indivisibilité qui en est l'unique cause. Sans cela il y auroit déja long-temps que les divisions & les subdivisions l'auroient absorbé & aneanti? Peut-elle donc sans une injustice manifeste entreprendre de détruire une loy qui a porté & conservé cette Souveraineté dans sa Maison, & sans laquelle elle n'auroit elle-même aucune esperance legitime de le posseder un jour.

Ces principes de fait & de droit sont si liez aux conclusions, qu'en les establissant nous avons traité & decidé la question toute entiere. Il ne reste donc plus que de répondre en particulier à quelques petites objections de l'Auteur des *Deffenses* de Madame de Nemours.

Ecrit pour Madame de Nemours.

Si les Souverainetez de Neuf-Chastel & de Vallengin sont indivisibles.

L'Auteur du Memoire a pretendu que quand Madame de Nemours n'auroit point renoncé par son Contract de mariage aux successions de son pere & de ses freres, elle ne pouvoit rien pretendre aux Souverainetez de Neuf-Chastel & de Vallengin; soit par la qualité de la Souveraineté qui est indivisible, a soit par la qualité de Madame de Nemours qui en seroit excluse à cause de son sexe; on examinera dans cette question la premiere partie de l'objection concernant l'indivisibilité, reservant à la question suivante de répondre à l'objection du sexe.

REPONSE.

a L'Auteur des *Deffenses* se trouvant embarassé à répondre aux raisons dont M. de Longueville se sert effectivement, en forge d'imaginaires pour avoir le plaisir de les refuter: Où a-t'il vû qu'on ait soutenu que les filles étoient excluses absolument du Comté de Neuf-Chastel? C'est ce qu'on n'a jamais pretendu. On soutient seulement qu'elles en sont excluses lors qu'il y a des mâles en pareil degré: ce qui suffit pour montrer que Madame de Nemours n'y peut rien pretendre.

* [b] C'est un principe certain que toutes sortes de biens sont divisibles de leur nature, ce qui a fait dire au Jurisconsulte Paulus, que les conventions de ne point faire de partage estoient inutiles, & ne pouvoient produire aucun effet. *leg.* 14 §. *si conveniat communi dividendo.*

b Les biens ne sont proprement comme l'on a dit, ny divisibles ny indivisibles de leur nature, mais presque tous les hommes se sont portez à rendre, autant qu'ils ont pû, les Souverainetez indivisibles n'y ayant guere que ce moyen de les conserver. On peut dire que c'est là l'instinct commun de la raison & du bon sens. C'est pourquoy l'on voit quantité de Souverainetez qui de divisibles sont devenuës indivisibles, par loy ou par coûtume. Mais on n'en voit point qui d'indivisibles soient devenuës divisibles autrement que par usurpation & par violence.

* [c] L'Auteur du Memoire a remarqué que Neuf-Chastel dans son origine estoit un Fief de l'Empire, pour tirer sans doute avantage de la Constitution de l'Empereur Federic, qui ne permet pas que les grandes dignitez soient divisées, rapportée au titre *de probib. feud. alien. per Federicum de feudis.*

c Il n'y a rien de plus inutile que tout ce grand discours de l'Auteur des *Défenses* sur la nature des Fiefs. Qu'ils fussent divisibles ou indivivisibles ; que Neuf-Chastel ait esté ou n'ait pas esté Fief de l'Empire, qu'est-ce que tout cela conclut ? Ce n'est plus un Fief, c'est une Souveraineté, & les Princes qui l'ont possédée en qualité de Souverains, ont eu droit avec le consentement des Estats, d'établir quelles loix ils ont voulu pour la succession de leur Comté. Ils l'ont pû faire, & ils l'ont fait, & ce qu'ils ont fait doit servir de regle & de loy dans une affaire de cette importance.

Mais pour bien entendre cette disposition, il faut considerer quel a esté l'estat des Fiefs dans les premiers temps. L'histoire en est rapportée dans le traité des Fiefs au même endroit où cette Constitution a esté inserée. Originairement les Fiefs n'estoient point patrimoniaux, leur possession n'estoit que precaire & dépendante de la volonté du Seigneur, elle fut depuis annale, & sa durée s'augmentant toujours par degrez on l'assura pour toute la *vie, [d] ensuite on l'estendit à l'un des enfans, au choix du Seigneur, & enfin à tous les heritiers également. §. 1. *de his qui feudum dare possunt.*

d L'Auteur se trompe même dans ces questions inutiles ; il y a peu de Fiefs qui soient deferez également à tous les heritiers mâles, & où les filles soient admises avec les mâles en égalité de degrez. En Allemagne elles ne succedent jamais, lors qu'il y a des mâles.

Or il est évident que quand les Fiefs n'estoient que precaires, ou viageres, où même qu'ils ne passoient qu'à l'un des enfans au choix du Seigneur, ils ne tomboient point dans les partages parce qu'ils n'appartenoient jamais à plusieurs; mais quand par la derniere Jurisprudence ils ont esté deferés également à tous les heritiers, ils ont esté en même temps rendus divisibles, parce que c'est la condition de toutes les choses qui sont communes.

De même si par la Constitution de Federic les Fiefs de dignité ont esté declarez indivisibles, c'est parce qu'ils estoient demeurez personnels, & que suivant la pureté de l'ancienne regle ils ne se transmettoient point par le droit de succession aux heritiers, & appartenoient uniquement à ceux à qui la concession en avoit esté faite. Le même traité des Fiefs le dit expressément; aprés cela il ne faut pas s'estonner si la Constitution de Federic les rendit indivisibles. Car n'estre point hereditaire & n'estre point divisible sont des qualitez inseparables. *De Monarcha vel ducatu vel comitatu vel aliqua regali dignitate si quis investitus fuerit, ille tantum debet habere, hæres enim non succedit ullo modo.*

e Il n'y a que la France qui ayt ce privilege particulier d'estre indivisible & de n'estre point sujette au partage, parce que comme le remarque du Moulin & plusieurs autres Docteurs, elle n'est pas deferée par droit hereditaire, mais par droit successif qui est une espece de fideicommis & de substitution graduelle & perpetuelle qui appelle tous les aisnez preferablement aux cadets, & les mâles à l'exclusion des femelles.

Quand il seroit vray de dire que les grandes dignitez sont indivisibles; cette regle auroit ses exceptions, la premiere est si la faculté de les pouvoir partager avoit esté donnée par l'Empereur; la seconde si la coustume du lieu ou de la famille l'avoit authorisée. *J. de S. Georgo in cap. de probib. alien. feudor.*

f On en peut adjouster une troisiéme, si le Fief de dignité indivisible avoit esté une fois divisé parce qu'en ce cas il deviendroit divisible, comme une chose qui seroit de sa nature

e L'exemple de l'estat de la France qui ayant esté divisible sous les deux premieres Races, est devenu tres indivisible sous la troisiéme, conclud justement que quand l'Estat de Neuf-Chastel auroit esté divisible sous la premiere famille de ces Princes, ce qui n'est pas, il suffit qu'il ne l'ait plus esté sous les trois autres pour estre devenus indivisibles.

f Si la division d'un Fief le rend ensuite toûjours divisible, parce qu'on suppose que cette division est une marque qu'on luy a osté la qualité d'indivisible, l'indivisibilité du même Fief pratiquée en plusieurs partages, n'est pas moins

ture inalienable, si elle avoit esté une fois alienée, demeureroit à perpetuité dans le commerce ordinaire : mais cette troisiéme exception n'est qu'une confirmation de la seconde, parce que si un acte singulier de la division d'un Fief de dignité le remet au droit commun, à plus forte raison quand cette division est autorisée par l'usage & par la coustume de la famille. *Quantumcumque Ducatus sit indivisibilis, nec effectus, divisibilis comedendo partem quia loca semel effecta divisibilia, sicut in simili dicimus quod res quæ alienari non poterat, semel effecta alienabili durat in perpetuum alienabilis*, ut in lege 1. §. 15. de legat. 3. & ibi Bartolus Solivus con. 67. num. 31.

capable de le rendre indivisible, puisque la divisibilité & l'indivisibilité sont des qualitez qu'il est également permis aux hommes d'attacher à toutes sortes de fonds, & que celle qui les rend indivisibles est infiniment plus favorable.

C'est une exception qui est propre au sujet de la contestation presente, puisque les Souverainetez de Neuf-Chastel & g de Valengin estant indépendantes, elles ne reconnoissent point de superieur qui leur puisse donner le privilege de la division, ce n'est pas que l'Auteur du Memoire ayant pretendu qu'elles estoient autrefois un Fief de l'Empire, on n'y pust soustenir qu'auparavant son afranchissement elles auroient obtenu cette concession, dont le titre se pouroit presumer par la possession immemoriale.

g Vallengin n'est pas une Souveraineté, comme on le fera voir dans la suite.

La coustume & l'usage de cette division se peuvent apuyer par l'exemple presque general de toutes les Souverainetez (si on en excepte la France) & en particulier de celles de Neuf-Chastel & de Vallengin.

A l'egard des exemples estrangers toutes les histoires en fournissent un nombre presque infiny dans l'antiquité, dont le plus celebre est la division de l'Empire Romain entre les enfans de Constantin le grand, Constance, Constantin & Constant. Diocletien & Maximien, Arcade & Honorius ont aussi tenu conjointement ce grand Empire, il s'en trouve de semblables dans toutes les autres Monarchies depuis la naissance du monde qu'on passe sous silence pour se renfermer dans les exemples qui aprochent le plus des Souverainetez dont il s'agit.

h Dans l'Allemagne les Souverainetez ont esté toujours

h Il n'y eut jamais de sophisme plus marqué & plus exprés que celuy-cy, des

Souverainetés du monde, ou de l'Europe.

Les unes sont divisibles, les autres indivisibles. L'Auteur fait une petite enumeration des Souverainetez qui sont divisibles, ou qui l'ont autrefois esté, & il en conclut que celle de Neuf-Chastel l'est donc aussi. Mais comment n'a-t'il pas vû que l'on pouvoit faire à son exemple un autre liste des Souverainetez indivisibles, comme la France, l'Angleterre, le Portugal, la Suede, la Savoye, & que l'on avoit autant de droit de ranger celle de Neuf-Chastel à cette seconde classe, qu'il en a de la mettre dans la premiere. Il avoüe que les Souverainetez divisibles peuvent devenir indivisibles par le consentement du Prince & des Estats. Et par là il est clair que quand il auroit même prouvé que l'Estat de Neuf-Chastel a esté autrefois divisible, il ne le seroit plus maintenant, puisque le Prince & les Estats sont convenus qu'il estoit indivisible, comme nous l'avons montré.

tellement divisibles entre les coheritiers que pour empécher le partage des Electorats laïques, il a fallu une disposition particuliere de l'Empereur Charles quatriéme dans sa Bulle d'or de l'an 1356.

Avant cette Constitution Rodolphe & Loüis avoient partagé l'Electorat de Bavieres, Henry & Federic celuy de Saxe.

Les autres Souverainetez de l'Allemagne sont demeurées divisibles comme elles estoient & si quelques unes ont esté d'une autre condition ; c'est par des conventions particulieres & par des loix establies dans les familles du consentement des Estats, comme dans le Duché de Brunsvick, par un Contract de l'an 1553. *Goldas livre 2. ch. 18. de maioratu.*

Dans les Duchez de Juliers & de Cleves par le Contract de mariage de Jean de Cleves & Marie de Juliers de l'an 1496.

Dans les Duchez de Mekelbourg & de Pomeranie, dans les Lantgraviats de Hesse, Cassel, & Dovestadisxen par une convention toute nouvelle du 13. Decembre 1628. *Theodorus Rinchoing lib. 2. class. 4. num. 34. de regimine secularem & Ecclesiastico.*

Et enfin dans le Duché d'Autriche par un Decret de l'Empereur Federic Barberousse de l'an 1156.

i Les Souverainetez de l'Allemagne estant demeurez Fiefs de l'Empire ne peuvent servir de regle pour Neuf-Châtel qui ne l'est pas, & l'on peut conclure seulement de ce que dit icy l'Auteur des *Deffenses*, que si l'Empereur en a pû rendre quelques unes indivisibles de divisibles qu'elles estoient, les Princes & les Estats de Neuf-Chastel auroient pû faire la même chose à l'égard de leur Estat,

i Si l'on sort de ces exceptions particulieres establies par des titres ou par des constitutions expresses, les Principautez sont divisibles & se divisent en effet pour l'usage universel de toute l'Allemagne, où même tous les heritiers portent le nom de la Principauté, & la

Constitution de Federic n'y est point communément observée.

quand même il auroit esté divisible dans son origine, ce qui est faux. Mais comme l'Auteur des *Deffenses* paroist avoir pris grand soin de rechercher l'ordre qui se pratique dans les successions des Souverainetez d'Allemagne, pour regler par là celuy qu'il pretend qu'on doit suivre à Neuf-Chastel ; on voudroit bien qu'il nous eust cité quelque exemple d'une Souveraineté d'Allemagne où les filles succedassent conjointement avec leur frere en égalité de degré, la remarque en auroit esté sans doute plus curieuse & plus à propos que tant d'autres qu'il fait assez inutilement icy. Et comme il y a bien de l'apparence qu'il n'auroit pas manqué de raporter de ces sortes d'exemples s'il en avoit trouvé, il donne lieu de conclure qu'il n'y en a point, & qu'ainsi la pretention de Madame de Nemours est absolument sans exemple.

* k Cela est attesté par plusieurs Docteurs, & particulierement par Andraeas Gail qui estoit Conseiller d'Estat de l'Empereur Rodolphe second. Il dit expressément qu'encore que les Fiefs de grande dignité soyent divisibles par la Constitution de Federic, neanmoins le contraire est observé par une coûtume notoire de l'Allemagne, & que ces dignitez (à la reserve de la Royale, qui est celle des Empereurs,) se partagent non seulement quant à l'administration, mais encore quant au domaine & à la proprieté, il adjouste que cét usage est legitime, & qu'il est estably presque dans toute sorte de pays aussi bien que dans l'Allemagne, & principalement en Italie. *Etsi feuda maiora annexam dignitatem habentia patâ vacatus & à de iure feudorum non possint dividi* ut in c. Imperij §. pręterea de proh.

k L'Auteur des *Deffenses* nous auroit fort embarassez, s'il n'avoit point mis à la marge le texte Latin de ce Docteur Alleman. Car ces mots de sa traduction Françoise : *A la reserve de la dignité Royale, qui est celle des Empereurs*, nous auroient fait conclure que l'Empire même est un Fief, ou qu'il est attaché à un Fief, selon cét Auteur, qui ne parle en cét endroit que des grandes dignitez attachées aux Fiefs. Or on n'a guere accoustumé de regarder l'Empire comme un Fief, & il feroit assez difficile de deviner d'où ce Fief pourroit relever. Mais la marge nous tire de cét embarras, en nous découvrant le sens du Jurisconsulte Alleman, & l'erreur du Traducteur. Car ces mots : *qui est celle des Empereurs*, n'y sont point du tout. Le texte porte seulement : *Hujusmodi feuda excepta Regali dignitate, inter filios cohæredes non solùm ratione Iurisdictionis & administrationis, sed etiam ratione bonorum & dominij utilis, dividuntur.*

L'Auteur des *Deffenses* a crû que cette dignité Royale estoit celle des Empereurs, & c'est ce qui l'a trompé : car ce mot ne marque que la Souveraineté que les Princes d'Allemagne s'attribuent, & qu'ils appellent, *Regalis dignitas*. Quoy qu'ils ne s'appellent pas Rois. Ce qui fait voir seulement que les peuples ont toûjours conspiré à ne deferer la Souveraineté qu'aux aisnez, lors même que leurs cadets partagent tout le reste avec eux.

feud. alien. *Tamen hoc de notoria Germaniæ consuetudine non observatur excepta regali dignitate inter filios cohæredes, non solum ratione Iurisdictionis & administrationis in quibus etiam de iure feudali divisio admittitur, sed etiam ratione bonorum & dominij utilis dividuntur huiusmodi consuetudinem valere communiter placuit quæ non solum in Germania sed ferè ubique locorum maximè in Italia*; Viger Gallus lib. 2. obser.

Albertus Crantzius rend le même témoignage, en se plaignant de ce que par cette division la puissance de l'Allemagne s'est affoiblie en cela bien differente de la France qui se conserve dans son integrité, & demeure sous la domination d'un seul Souverain. *Si Principatus per Germaniam indivisi manerent, longè esset formidabilior virtus eius quàm sit modo, cum sit multis partibus dimembrata, non sic Francia quæ semper studet unico per omne regnum principatui.* S. Crantzius lib. 8. cap. 11.

Chopin dans son Commentaire sur la coustume d'Anjou, confirme cette verité, que dans l'Allemagne les Dignitez & les Principautez entrent dans les partages de famille. *Quoniam hodie Ducatus feudo Marchionatus Principatus dividuntur in partes iudiciis familiæ erciscundæ choro*, de leg. Audium lib. 3. tit. 2. num. 5.

Pour passer de l'Allemagne en d'autres pays, le même Chopin nous aprend qu'en 1150. Jacques premier Roy d'Arragon laissa par Testament le Royaume d'Arragon à Pierre l'un de ses fils, & à Jacques celuy de Majorques. *Chopin de Dom. Gall. lib. 2. tit. 2.*

En 1150. Alphonse septiéme divisa l'Espagne entre ses enfans, il laissa à Sanche la Castille, & à Ferdinand le Royaume de Leon.

Le Royaume de Dannemarck fust divisé entre les deux fils du Roy, dont l'un eust l'Empire sur la terre, & l'autre sur la mer; Chopin rapporte encore d'autres exemples que l'on obmet parce qu'il sont trop anciens.

Dans la Principauté d'Orenge, il y a un tres grand nombre d'exemples de semblables divisions, mais particulierement dans les deux premieres Races, où ils succedoient mêmes aux portions qui se partageoient avec les femelles, aussi bien qu'avec les mâles.

Dans la premiere Race appellée d'Orenge en 830. cette Principauté a esté possedée en même temps par Hugon & Rorgon freres.

En 1150. Guillaume troisiéme succeda en la moitié de la Principauté, & Raimbault troisiéme en l'autre moitié.

En

En 1174. Guillaume quatriéme succeda à Guillaume troisiéme dans la même moitié, conjointement avec sa sœur Tibourg; & ils n'eurent chacun qu'une quatriéme portion.

Rambault quatriéme eust la moitié comme heritier de Rambault troisiéme son pere.

Dans la seconde Race appellée des Debaux en 1225. Guillaume sixiéme & Raimond son frere eurent la Principauté chacun pour moitié.

Guillaume huitiéme succeda à Guillaume sixiéme son pere dans la moitié, qu'il laissa par son deceds à Raimond second, qui ensuite possedá la Souveraineté avec Raimond premier son oncle, qui avoit l'autre moitié.

En 1272. cette même moitié de Raimond second passa à Bertrand second, & à Raimond troisiéme, qui continuërent à en joüir conjointement avec Raimond premier leur grand oncle; ensuite Bertrand second acquit la part de Raimond troisiéme dont il fit par aprés cession à Bertrand troisiéme.

* Ces exemples & l'autorité des Docteurs prouvent suffisamment que les Souverainetez l sont divisibles par l'usage presque universellement receu dans tous les Estats, mais celuy qui est inviolablement observé à Neuf-Chastel fera la decision du different.

l Aprés tous ces égaremens l'Auteur fait mine de vouloir venir au point de la question, en quittant le reste du monde pour s'arrester à Neuf-Chastel, mais ce n'est que pour passer d'un sophisme à un autre.

Il venoit de conclure d'un pays à un autre pays, & il conclut icy d'un temps à un temps, en voulant que si cét Estat a esté divisible sous la premiere Race des Comtes de Neuf-Chastel, il le doit estre sous la quatriéme. C'est à peu prés comme si quelqu'un vouloit prouver que le Royaume de France est encore divisible, parce qu'il a esté effectivement divisé sous les deux premieres Races de nos Roys. Il y a seulement cette difference entre ces deux faux raisonnemens; que celuy qui concluroit que le Royaume de France est divisible parce qu'il l'a esté autrefois, tireroit une fausse consequence d'un principe veritable; Mais l'Auteur se trompe aussi bien dans le principe que dans la consequence, puisque nous avons montré que dans les quatre familles qui ont possedé cette Souveraineté, elle a toûjours esté également indivisible, & qu'il n'y a que les Domaines qui ayent esté divisez, & encore sous la premiere famille seulement, & par des portions fort inegales, & qu'ils ne l'ont point esté pour les autres.

* m Les Souverainetez en contestation sont composées de differentes parties; & ont

m L'Auteur des *Deffenses* n'auroit pas avancé, comme il a fait, que Vallengin est une Souveraineté. *S'il avoit mieux* consulté les Registres même que Madame de Nemours a produits. Car il n'a qu'à lire ce qui se trouve dans le fol. 68. & suivans, pour y voir des preuves évidentes que la *Seigneurie* de Vallengin a de tout temps esté un Fief dépendant du Comté de Neuf-Chastel. C'est ce qui paroist par les hommages que les *Seigneurs* de Vallengin en ont fait, en 1303. 1340. 1373. 1394. 1411. 1424. 1450. 1513. qui sont rapportez dans une declaration du 11. Aoust 1566. des quatre villes de Berne, Lucerne, Fribourg & Soleure, Alliez des Comtes de Neuf-Chastel. Mais René de Challant Seigneur de Vallengin ayant acheté de Claude Collier, se disant Procureur de Jeanne d'Hochberg la *Souveraineté* de Vallengin en l'an 1542. il y eut une contestation sur ce sujet, entre Isabelle fille de René Challant, mariée au Comte d'Avy, & Marie de Bourbon, sur laquelle les Deputez de ces quatre villes, que Marie de Bourbon avoit priées d'examiner ses droits, & de l'y maintenir en vertu des Combourgeoisies, declarerent que la Souveraineté de la *Seigneurie* de Vallengin avec toutes les dépendances & preéminences devoit appartenir au Comte de Neuf-Chastel, & qu'en vertu de la Combourgeosie ils devoient l'y maintenir & garder, nonobstant ladite pretenduë vendition dudit Collier. Mais parce que l'on n'avoit pas soûmis ce different à leur Jugement, & que leur declaration ne fut pas donnée comme une Sentence, les Deputez des neuf autres Cantons, que les parties choisirent pour Arbitres, declarerent le 28. de Novembre 1584. cette condition nulle, & que la Souveraineté en appartiendroit comme auparavant, au Comte de Neuf-Chastel. L'acte en est dans le même Registre, fol. 91. Comment aprés des actes si solemnels, l'Auteur des *Deffenses* peut-il avancer que Vallengin est une *Souveraineté*?

esté possedées par differens Seigneurs. Vallengin dés l'année 1218. fut le partage du cadet des enfans d'Ulric Comte de Neuf-Chastel, qui avoit épousé Berthe dans son voyage de la terre Sainte. Depuis cette Souveraineté a long-temps esté dans la maison de Challant, & enfin aprés plusieurs revolutions, mêmes plusieurs contestations entre les Comtes d'Avy & de Tourvielles qui en avoient épousé les heritieres, elle rentra en la possession des Seigneurs de Neuf-Chastel par l'acquisition qui en fut faite l'an 1592. par Marie de Bourbon Duchesse de Longueville & Souveraine de Neuf-Chastel, des Comtes de Wittemberg qui en estoient pour lors en possession. *Livre ou recueil des Franchises, Decretales & Declarations du point de coustume de la ville de Neuf-Chastel.* p. 101.

Tous les titres concernans ces Souverainetez font toûjours mention de Neuf-Châtel & de Vallengin comme de deux Estats; ce qui fait assez connoistre qu'ils sont differens, & qu'il n'y en a jamais eu de reünion, & en effet ils ont toûjours conservé une differente denomination, quoy qu'ils ayent esté souvent possedez par un seul & même Seigneur.

Au reste, Vallengin n'a jamais eu le titre que de simple Seigneurie, & en l'an 1601. & 1602. dans la demande qui fut faite de la possession & de l'investiture, on ne se servit que du mot de Seignenrie de Vallengin. Il est vray que pour grossir les titres, ces Princes de Neuf-Chastel se sont nommez Comtes de Neuf-Chastel, & de Vallengin, mais cela n'en change pas la nature.

* a La Seigneurie de Colombieres, qui n'est à la verité qu'un membre de Neuf-Chastel, en a esté long-temps separée; ce fut Leonor d'Orleans Duc de Longueville qui en fist l'acquisition en 1564. de Guichard de Wattenville & ses freres, & le titre porte qu'ils en firent la vente chacun pour leurs parts & portions, ce qui marque dans le particulier de cette Seigneurie l'usage du pays pour la divisiō des Fiefs de dignité.

* o Comment donc l'Auteur du Memoire peut-il pretendre que ces Souverainetez qui ne sont en effet que de tres petites portions des Royaumes & Monarchies dont elles ont esté demembrées, & qui n'ont pas esté reünies en elles-mêmes ou qui sont du moins conservé la marque de leur separation soyent indivisibles à l'exemple de la France, comme si elles avoient quelque raport à sa grandeur ou au privilege qui luy est singulier.

*p La même difference qui est entre toutes les Souverainetez & les Seigneuries des particuliers, se trouve entre les

a Quand ce Fief particulier auroit esté divisible, on n'en peut tirer aucune consequence pour la Souveraineté, qui a d'autres regles que les Fiefs simples, & que les Estats & que les Princes ont pû rendre indivisibles, sans que cette loy se soit étenduë à d'autres biens. Ainsi dés lors qu'il a commencé de faire partie d'un tout indivisible, il est devenu indivisible: & en effet on n'a pas songé à l'en diviser depuis.

o L'Auteur des *Deffenses* ne reconnoit-il pas luy-même qu'il y a plusieurs petites Souverainetez qui sont devenuës indivisibles, & croit-il qu'on ait droit sur cela de l'accuser d'en faire *comparaison avec la France*, comme si elles avoient *quelque rapport avec sa grandeur*. Qu'il apprenne donc qu'on pourra dire d'une petite Souveraineté qu'elle est indivisible comme la France, sans en faire pour cela comparaison avec *la premiere & la plus auguste Monarchie du monde*.

p L'indivisibilité n'est point un privilege des grands Estats. Tout Prince Souverain la peut establir dans le sien avec le consentement des peuples: & les petits Estats ont encore plus d'interest de le faire que les plus grands: parce qu'au lieu que des parties d'un grand Royaume peuvent estre encore des Souverainetez considerables, cette qualité se perd & s'évanoüit en quelque sorte dans les divisions des petits Estats, comme la noblesse dans la pauvreté & dans la bassesse.

q Ce partage entre les enfans d'Ulric est allegué sans preuves legitimes, & tout ce que l'Auteur en pourroit conclure est que le domaine du Comté de Neuf-Chastel n'estoit pas tout à fait indivisible sous la premiere Race des Comtes de cét Estat, & c'est ce que nous avons reconnu d'abord. Mais la bonne foy l'obligeoit d'ajoûter, qu'il paroist par les Registres qu'il a produits que les Seigneurs de Vallengin faisoient hommage au Comte de Neuf-Chastel, d'où il s'ensuit que celuy des enfans d'Ulric qui auroit eu Vallengin en partage en auroit fait hommage à son aisné, & qu'ainsi la Souveraineté luy seroit demeurée toute entiere.

r On parlera plus bas de ces Cosseigneurs, & l'on fera voir que c'estoit une dignité inferieure à celle des Comtes, & qui n'enfermoit pas la Souveraineté.

ſ Comme c'est une fort méchante preuve qu'une fausse histoire & un faux titre, on ne sçauroit estre trop exact dans ce que l'on en produit, & c'est ce qui ne paroist pas avoir esté trop bien observé par l'Auteur de ces *Deffenses*.

Il nous cite par exemple un acte de 1306. qui porte qu'Amedée & Henry regnoient conjointement. Or ce titre seroit certainement faux si on le raportoit. Car en 1306. il y avoit plus de treize ans qu'Amedée estoit mort, & que Rodolphe son fils luy avoit succedé, comme il paroist par un acte cité dans

petites Souverainetez, & les grands Royaumes; ainsi quelque avantage que Neuf-Chastel puisse tirer d'une qualité si éminente, il ne faut pas pour cela en faire comparaison avec la premiere & la plus auguste Monarchie du monde.

q Mais pour d'autant plus justifier que ces Souverainetez, soit qu'on les considere conjointement ou separément sont divisibles; la même Histoire nous aprend que Montgold & Rodolphe enfans d'Ulric, dont le cadet avoit eu Vallengin pour partage, ainsi qu'il a esté remarqué, furent en même temps Comtes de Neuf-Chastel, & gouvernerent ensemble cette Souveraineté en l'année 1150. *

r Il paroist par un acte de l'année 1214. intitulé *les franchises de la ville*, qu'Ulric Comte de Berthold son neveu se qualifient Cosseigneurs de Neuf-Chastel, p. 7. dudit livre. *

ſ En 1239. Berthold & Hermon Cousine ont gouverné conjointement. *

En 1260. Henry, Amedée, & Ulric freres enfans de Rodolphe.

En 1270. Henry, Amedée, & Ulric freres.

En 1303. la seconde ferie aprés la Toussaints, dans le partage

partage fait touchant Neuf-Chastel & Nidau, il est dit que *sur tous les differens qui ont esté iusqu'à present entre Vlric & ses freres Cosseigneurs de Neuf-Chastel* d'une part, & *entre Raoul Seigneur de Nidad* d'autre.

En 1306. Amedée & Henry freres regnoient conjointement. p. 7.

le Memoire instructif de Madame de Longueville pag. 5. ou Jean Prevost de l'Eglise de Neuf-Chastel prend qualité de Tuteur de Rodolphe son neveu fils d'Amedée, & le qualifie Seigneur de Neuf-Chastel en 1292. L'on peut conclure de même des actes de 1294. & 1303. rapportez au même lieu, ou Amedée ne paroist point, & où Rodolphe prend qualité de Comte & Seigneur de Neuf-Chastel; qu'Amedée n'estoit plus en vie au temps de ces actes, & par consequent qu'il est faux qu'il fut encore vivant en 1306. comme porte ce titre apocryphe de Madame de Nemours.

La fausseté visible de cét acte donne droit de rejetter tous ceux qu'on allegue sans les produire, comme ce que l'on dit qu'en 1299. *Berthold & Herman regnerent ensemble conjointement.*

En 1260. Henri Amedée & Vlric freres enfans de Rodolphe.

En 1270. Henry Amedée & Vlric freres.

En 1303. Vlric & ses freres estoient Cosseigneurs de Neuf-Chastel, tout cela n'estant fondé que sur des memoires qu'on n'oseroit produire, ne peut estre d'aucune consideration.

Mais quand ces titres seroient aussi authentiques qu'ils sont douteux, ils ont encore un deffaut tres-essentiel. C'est qu'ils ne prouvent rien du tout. Car il faut remarquer qu'il n'y a pas un de ces actes où la qualité de *Comte de Neuf-Chastel* soit donnée à plusieurs personnes. Au contraire dans l'acte qu'on produit de 1214. il n'y a qu'Ulric qui soit qualifié Comte, quoy que la qualité de Cosseigneur soit communiquée à son neveu Bertholde.

On pourroit conclure le même de l'acte de Novembre 1303. allegué par Madame de Nemours. Car puis qu'en celuy de Juillet 1303. c'estoit certainement Rodolphe qui estoit Comte & Seigneur de Neuf-Chastel, on devroit dire que c'est Ulric & ses freres qui y sont appellez *Cosseigneurs*, avoient une dignité distinguée de celle de Comte, mais nous n'avons pas besoin d'un acte douteux comme celuy-là pour prouver une chose si certaine.

Car comme la qualité de *Seigneur* estoit distinguée de celle de *Comte*, celle de *Cosseigneurs* l'estoit aussi. Vallengin & Colombieres estoient des Seigneuries, & ceux qui les possedoient avoient des sujets en cette qualité. Cependant ils faisoient hommage au Comte de Neuf-Chastel, comme nous l'avons prouvé, d'où il s'ensuit que la Seigneurie de ceux qui s'appelloient *Cosseigneurs*, de Neuf-Chastel, ne s'étendoit point du tout jusqu'à participer à la Souveraineté, & que cette qualité de *Cosseigneurs* estoit une dignité inferieure.

On en peut tirer même une preuve invincible de l'acte de Juillet 1303. rapporté dans le Memoire de Madame de Longueville, pag. 5. Car on voit que Jean & Richard oncles de Rodolphe y interviennent avec Rodolphe leur neveu, & qu'ils promettent conjointement avec luy à Jean d'Arberg Seigneur de Vallengin & à ses freres qu'ils ne recevroient point au nombre de *leurs Bourgeois de Neuf-Chastel*, aucun homme des Seigneurs de Vallengin. Ils avoient donc quelque espece de Jurisdiction dans Neuf-Chastel, & on ne peut douter qu'ils n'en fussent *Cosseigneurs*, puis qu'ils appellent les Bourgeois de Neuf-Chastel *nos Bourgeois*. Cependant dans cét acte de 1303. où Jean & Richard oncles de Rodolphe & freres d'Amedée interviennent, Rodolphe seul prend la qualité de *Comte & Seigneur* de Neuf-Chastel, & c'est à luy seul que Jean d'Arberg Seigneur de Vallengin fit hommage de sa Seigneurie.

Il est donc également constant, & que la qualité de *Cosseigneur* estoit inferieure à celle de Comté, & que celle de Comté estoit indivisible, & qu'elle emportoit la *Souveraineté*: & ainsi il est clair que même dans cette premiere famille, la *Souveraineté* n'a point esté partagée, & à toûjours passé entiere à l'aisné, comme il paroist par les actes produits par Madame de Nemours, qui ne font mention que d'un *Comte* distingué des *Cosseigneurs*. Par le Jugement de Thierry, *Cosseigneur* de Montbeliard, qui adjugea la Souveraineté à Amedée seul, & ne donna à Henry que quelque domaine à condition d'en faire hommage. Par les dots que Rodolphe fils d'Amedée donna à ses sœurs, qui ne consistoient qu'en des sommes d'argent tres-modiques. Par le testament du Comte Loüis, lequel ayant institué ses filles heritieres, *selon les Us & Coustumes de Neuf-Chastel*, Varenne la cadette n'eut que la Chastelenie du Landron, Isabelle l'aisnée ayant eu tout le reste, avec le titre de Comtesse.

L'on voit aussi par ce même exemple, que quoy qu'il soit vray que dans cette premiere Race, les cadets avoient quelque portion au Domaine & les filles même quand il n'y avoit point de mâles, ces portions estoient neanmoins fort inégales à celles de l'aisné; car il n'y a aucune proportion, par exemple, de la Chastelenie du Landron, que Varenne, qui tenoit lieu d'un cadet eut en partage, avec tout le reste du Comté qui demeura à Isabelle son aisnée avec la Souveraineté.

L'exemple de Jeanne d'Hocbert dont l'Auteur des *Deffenses* pretend tirer avantage, est une des plus grandes preuves qu'on puisse apporter de l'indivisibilité de l'Estat de Neuf-Chastel, puis qu'il paroist que la donation même qu'en fit cette Princesse à ses enfans n'y peut déroger.

" Elle donna, dit-on, irrevocablement *aux jeunes Princes ses enfans tous ses biens aprés le decez de leur pere, & principalement le Comté de Neuf-Chastel. Elle a donc fait connoistre que cette Souveraineté se pouvoit & se devoit partager entr'eux.*

" En 1519. il paroist que Jeanne de Hocbert donna & legua irrevocablement aux jeunes Princes ses enfans, aprés le deceds de leur pere, tous les biens & principalement les Comtez de Neuf-Chastel p. 41.

" En l'année 1531. dans les mois d'Avril & de May, on trouve un acte intitulé, *Depesche faite par Monseigneur Monsieur le Marquis, tant en son nom que de Madame la Du-*

chesse de Longueville sa mere, & Monseigneur le Duc de Longueville son frere en leur Comté de Neuf-Chastel, & dans l'acte il est porté : *Monseigneur vous iurez & promettez par la foy & serment de vostre corps & en parole de Prince, pour & au nom de Madame la Duchesse de Longueville Marquise de Rothelin, Comtesse de Neuf-Chastel, vostre tres honorée Dame & mere, & de Monseigneur le Duc de Longueville vostre tres-cher sieur & frere & de vous, à vos bourgeois, &c.* & ensuite parlant aux bourgeois, l'acte contient ces termes : *Vous iurez à Dieu vostre Createur, à Monseigneur Monsieur le Marquis present representant la personne de Madame la Duchesse de Longueville Comtesse de Neuf-Chastel vostre Souveraine Dame & Princesse, la tres-honorée Dame & mere de Monseigneur le Duc de Longueville son tres-cher sieur & frere & luy, que luy serez bons, feaux & obeyssans bourgeois.*

L'on demeure d'accord de cette donation, mais on en conclut tout le contraire.

Car si ce Comté avoit esté divisible, il devoit avoir esté divisé en cette occasion, puisque les jeunes Princes y avoient droit par une donation si formelle de leur mere, à qui il appartenoit.

S'il avoit esté capable d'estre gouverné par plusieurs Seigneurs conjointement, il l'auroit esté en cette rencontre, puis qu'elle leur donna durant sa vie même tous ses biens, & entre-autres ce Comté. Cependant tout cela n'eut aucun effet, tant l'indivisibilité du Comté estoit d'un droit certain & inviolable.

A l'égard de la jurisdiction actuelle, il est certain que durant la vie de Jeanne d'Hochberr, elle fut toûjours reconnuë seule Comtesse de Neuf-Chastel, que tout se fit en son nom, & que tous ses enfans n'eurent point de part de son vivant, ny à la Souveraineté, ny à l'administration.

C'est ce qui paroist par un grand nombre d'actes faits par cette Princesse depuis sa donation, & contenus dans le Registre même que Madame de Nemours a produit, dont en voicy quelques-uns.

Le 14. Septembre 1529. elle annoblit Merveilleux, & comme il est porté au Registre fol. 182.

Le 10. de May 1537. elle donna pouvoir au sieur de Prangin de recevoir l'hommage des Vassaux de son Comté de Neuf-Chastel, de terminer tous les differens qu'elle avoit avec les Cantons pour les limites de son Comté. Et de faire plusieurs autres choses de grande importance, fol. 195.

Le 28. de la même année le sieur de Bellevaux fit la foy & hommage au sieur de Prangin au nom seulement de Jeanne, sans parler des Princes ses enfans, fol. 196.

Le même jour elle accorda aux quatre Ministraux au nom de la ville de Neuf-Chastel plusieurs choses tres-importantes, comme il paroist par ses lettres contenuës dans le Registre 50. 51. 58. 59. & 119.

Comme elle avoit estably toute seule le sieur de Prangin Gouverneur, il n'a jamais auſſi rien fait qu'en ſon nom, & dans tous les actes qu'il a expediez, il eſt toûjours qualifié, *Gouverneur & Lieutenant general pour Madame Ieanne Comteſſe de Neuf-Chaſtel*, ſans faire aucune mention de ſes enfans, comme il paroiſt par l'accord qui ſe trouve fol. 59. par l'atteſtation du 27. Fevrier 1534. & par tous les autres actes de ce même Gouverneur contenus au même Regiſtre.

La Juſtice Souveraine qui eſt la plus grande marque de Juriſdiction & de Souveraineté, ne s'exerçoient auſſi qu'au nom de Jeanne d'Hocbert, comme on le voit par le regiſtre fol. 193. où il eſt dit que les trois Eſtats furent aſſemblez pour tenir les Audiences generales *par l'Ordonnance & commandement de ladite Dame & Princeſſe, & pour elle preſent le Gouverneur & le Lieutenant general le ſieur de Prangon.*

Tout ce qui ſe faiſoit dans les Eſtats ſe faiſoit en ſon nom, ce qui paroiſt par la Sentence donnée en ces Audiences le 6. d'Aouſt 1597. contenuë au fol. 37. dans laquelle il eſt dit *que l'appel de la Sentence du Iuge inferieur fut relevée pardevant ladite Dame en ſes Audiences generales*, & que le ſieur de Prangon eſtoit Lieutenant general de ſa part, ſans qu'il y ſoit fait aucune mention de ſes enfans.

On ne ſçauroit deſirer de preuves plus authentiques que la Souveraineté n'a point eſté partagée pendant la vie de Jeanne d'Hocbert, & que la donation qu'elle fit de ſon Comté à Neuf-Châtel à ſes enfans, n'y fit aucun changement.

Qui a-t'il donc de moins raiſonnable que de les vouloir détruire par quelques actes que fit François d'Orleans cadet de la maiſon de Longueville eſtant à Neuf-Chaſtel en 1531.

Ce jeune Prince, comme il eſt porté par ces actes rapportez par l'Auteur des *Deffenſes*, ne ſe contenta pas de preſter

En la même année 1531. il y a un autre acte intitulé, *Lettres d'Octroy du Terrage & d'autre choſe*, il commence en ces termes, *François d'Orleans tant en noſtre nom que pour & au nom de noſtre tres-honorée Dame & mere Ieanne Ducheſſe de Longueville, Marquiſe de Rothelin, Comteſſe de Neuf-Chaſtel, & de noſtre tres-cher Seigneur & frere le Duc de Longueville, &c.* p. 46.

En l'année 1539. appert d'un autre acte intitulé, *La ratification du traité avant dit*, c'eſt une ratification faite par François d'Orleans de l'accord paſſé entre Jeanne ſa mere, & les Bourgeois, les quatre Miniſtraux Conſeils & Communauté de Neuf-Chatel. p. 58.

Ces quatre derniers actes juſtifient que Jeanne d'Hocbert à qui la Souveraineté de Neuf-Chaſtel appartenoit ayant fait don de ſon vivant de la Souveraineté à Loüis d'Orleans Duc de Longueville & à François Marquis de Rothelin ſes enfans, elle a fait connoiſtre en même temps que cette Souveraineté ſe pouvoit & ſe devoit partager entre eux, & ces actes ſont d'autant plus authentiques qu'ils ſont paſſez avec les principaux Officiers de cét Eſtat, & que c'eſt par cette même

même Jeanne d'Hocbert, que la Souveraineté est entrée dans la maison de Longueville. serment au nom de la Duchesse de Longueville sa mere, & de Monsieur de Longueville son frere, mais il le presta aussi au sien, & se fit aussi prester serment conjointement avec eux. Il octroya même quelques graces au nom de Madame sa mere, de son frere, & au sien propre, quoy que dans ces actes, il n'y ait eu que Jeanne d'Hocbert à qui on donna la qualité de Comtesse de Neuf-Chastel.

Qui ne voit que tout cela n'est qu'une entreprise d'un jeune Prince qui cherchoit à s'élever autant qu'il pouvoit, mais qui ne pouvoit pas faire prejudice aux droits de sa mere, ny de Monsieur de Longueville son aisné.

Les paroles même de ce serment faisant distinction des qualitez de ceux à qui on le prestoit, & n'attribuant celle de *Comtesse*, qu'à Jeanne d'Hocbert, devoient estre differemment expliquées à l'égard de ces differentes personnes. Ce serment estoit presté à Jeanne d'Hocbert comme à la Comtesse unique, c'est à dire à la Souveraine. Et il estoit presté aux enfans comme à ses legitimes heritiers, selon l'ordre marqué par la coûtume, & comme possedant déja en quelque façon le Comté en la personne de leur mere.

Que si les sujets ont permis que les deux fils fussent nommez dans les concessions qu'il leur fit estant sur les lieux, & s'ils ont pris de luy-même une ratification des concessions que sa mere leur fit ensuite, ç'a esté pour plus grande seureté, & afin que ses enfans n'y pussent pas contrevenir. On est toûjours bien-aise d'assurer les graces par le consentement exprés de tous ceux qui peuvent estre en droit de les revoquer quelque jour. Et quand ce desir de se procurer une plus grande assurance, ou la crainte de choquer de jeunes Princes qui pouvoient devenir les Maistres, auroient porté les sujets à leur rendre quelques devoirs un peu excessifs; qu'est-ce que cela pouvoit prejudicier aux droits reels ou de Jeanne d'Hocbert, qui estoit la veritable Souveraine, ou du Duc de Longueville son aisné.

Aussi l'on voit que nonobstant ces civilitez passageres tout continua de se faire à l'ordinaire au seul nom de Jeanne, sans qu'il se fit aucune mention de ses enfans dans tous les actes de Souveraineté. Voilà donc l'indivisibilité du Comté tres-bien conservée du vivant de Jeanne. Voyons ce qui arriva depuis.

Il fallut aprés sa mort partager les biens de la Maison de Longueville entre François d'Orleans Duc de Longueville fils de l'aisné, & François d'Orleans Marquis de Rothelin son oncle. C'estoit là le temps où François d'Orleans Marquis de Rothelin devoit faire valoir ses droits sur le Comté de Neuf-Chastel, tant en vertu de la qualité qu'il avoit d'heritier de Jeanne d'Hocbert, que de la donation qu'elle en avoit faite durant sa vie à ses enfans.

Cependant l'indivisibilité du Comté estoit tellement reconnuë comme une loy de la famille, qu'elle prevalut sur toutes ces raisons que François d'Orleans pouvoit alleguer; & de son consentement même le Comté de Neuf-Chastel ne fut point mis en partage, & fut donné tout entier à l'aisné. outre le lot qui luy estoit écheu, François d'Orleans n'ayant eu que la terre de sainte Croix, qui fut tirée du lot du Duc de Longueville pour sa recompense, & qui ne valoit alors que six cent livres de rente.

On ne voulut pas même laisser incertaine la raison de ce partage ; & on l'exprima en termes precis dans la transaction, où il est dit que c'estoit à cause que le Comté de Neuf-Chastel est indivisible.

Et il ne faut pas qu'on dise qu'on reconnut bien l'indivisibilité dans ce partage, mais qu'on ne reconnut pas qu'il appartenoit à l'aisné. Dés-lors qu'une Seigneurie est declarée indivisible, elle appartient à l'aisné de droit. Et c'estoit bien le reconnoistre que de la donner à l'aisné par ce partage, sans qu'elle fit partie de son lot, & de ne l'obliger à donner pour cela au Marquis de Rothelin qu'une terre hors du Comté de Neuf-Chastel de six cent livres de rente, qui est la moindre recompense qu'un Souverain puisse donner à un Prince de sa Maison.

x Le Jugement des Estats qui donna à Leonor d'Orleans & à Jacques de Savoye l'investiture du Comté de Neuf-Chastel chacun pour moitié, ne fut qu'un Jugement provisionnel rendu du consentement des parties, qui ne faisoit point de tort dans le fond au droit que Leonor avoit à la totalité, puis qu'il s'étoit reservé son actiō pour cette totalité, comme il a esté dit plusieurs fois. Ainsi le fond de leur differend n'ayant pas esté reglé, il n'y eut proprement que l'indivisibilité de decidée par le Jugement que les Estats rendirent, que les Princes donneroient un *seul Chef & Seigneur* à l'Estat de Neuf-Chastel, qui fut suivy & executé par le Jugement arbitral de Messieurs de Berne, par lequel le Comté demeura tout entier à Leonor d'Orleans, Jacques de Savoye n'ayant eu pour sa recompense que cette même terre de sainte Croix, que François d'Orleans avoit euë une autrefois pour le même sujet, dont il ne se seroit jamais contenté, s'il n'eut reconnu luy-même qu'il n'avoit pas droit d'en demander davantage.

x Il y a encore un exemple considerable, qui est celuy de Leonor d'Orleans Duc de Longueville & de Jacques de Savoye Duc de Nemours, qui eurent tous deux l'investiture de ces Souverainetez, & gouvernerent conjointement ; & l'acte qui est du 6. de Mars 1552. porte *qu'ils ont esté par ensemble revestus de ce Comté de Neuf-Chastel*, quoy que le Duc de Nemours n'y pust rien pretendre que du chef de Charlotte d'Orleans sa femme, & tante de Leonor fol. 131.

N'est-ce donc pas se mocquer du monde d'alleguer un Jugement provisionnel, qui ne pouvoit subsister que peu de temps, lors que le Jugement definitif decide & establit l'indivisibilité.

y Ces actes prouvent que Jacques de Savoye a possedé provisionnellement la moitié du Comté de Neuf-Chastel, & la fin de cette contestation prouve qu'il l'a perdu totalement & definitivement.

y Il se voit un autre acte de l'an 1554. intitulé *Octroy de Monsieur de Nemours à Messieurs les quatre Ministraux* commençant en ces termes, *Jacques de Savoye Duc de Nemours, &c. sçavoir faisons à tous presens & advenir que nos chers & bien-amez les quatre Ministraux, Conseil*

& Communauté de nostre ville de Neuf-Chastel nous ont fait requeste, &c. p. 171.

Mais ce qui justifie entierement que ces Souverainetez ont appartenu à l'un & à l'autre de ces deux Princes, c'est l'acte intitulé, *L'Ottroy du disme & de l'Hospital*; il est passé en l'année 1558. par Jacqueline de Rohan mere & Turrice de Leonor d'Orleans & par ledit Leonor, il contient en termes *de certaine Ordonnance faite au grand Poisle de Neuf-Chastel le 17. iour de May 1552. par Jean Deschelles & Pierre de Manson & Nicolas Chaumont Commis Ambassadeurs & Deputez respectivement de Monsieur le Duc de Nemours & nous lors Seigneurs pour moitié du Comté de Neuf-Chastel*, c'est Jacqueline de Rohan & Leonor son fils qui parlent fol. 134.

En 1576. est l'acte intitulé, *Recit de la iournée tenuë à Soleure le Samedy 11. Aoust 1576.* au commencement de l'acte, *Estans derechef assemblez en ce lieu les Seigneurs Ambassadeurs des quatre villes susdites, comparut pardevant eux Monsieur de Maniquet ayant charge de ladite Dame Duchesse au nom de ses enfans les ieunes Princes de Longueville & d'Estouteville, Comtes de Neuf-Chastel*, c'est de Marie de Bourbon Duchesse de Longueville qu'il est parlé fol. 68. & 101.

Et en 1592. est la vendition dont a esté parlé cy-dessus intitulée, *vendition de la Seigneurie de Vallengin faite à Madame, & à Messeigneurs nos Princes Souverains par Monsieur le Comte de Montbeliart*, & dans ledit acte sont contenus ces mots: *Allience & bonne vicinence qui a de tout temps & demeurera à iamais &c. entre ladite Dame Duchesse, & tres-*

7. L'Auteur des *Deffenses* continuë tousjours dans le même esprit de s'arrester à des ombres vaines & à des phantosmes creux, en rejettant les realitez les plus solides & les plus sensibles, lors même qu'elles se presentent à ses yeux.

L'inclination naturelle que tous les hommes, & particulierement les grands, ont de relever leur maison par des titres magnifiques, les a portez à communiquer souvent à toute une famille des titres qui ne conviennent proprement qu'à un.

C'est ainsi qu'on voit dans l'Allemagne que les cadets des Princes prennent le nom de Duchez & des Principautez qui ne sont pourtant réellement possedées que par les Aisnez. D'où vient que les noms de Duc de Baviere, de Duc de Saxe, de Lantgrave de Hesse sont communs à tant de personnes.

Il y a même de la verité dans ce langage qui l'autorise suffisamment. C'est que l'on considere ces Souverainetez hereditaires comme appartenant à une certaine maison, & que l'on regarde cette maison comme un seul corps qui les possede par un de ses membres qui est l'aisné. Ainsi tous ceux qui sont parties de ce corps croyent avoir droit de se les attribuer en quelque sorte, parce que c'est la Souveraineté de leur maison.

On ne doit donc point s'estonner que quelques Tutrices des Princes de Longueville ayent imité ce langage, & que regardant le Comté de Neuf-Chastel comme un bien de la maison de Longueville, elles ayent donné à leurs enfans ce nom de Comte.

Mais pour sçavoir ce qu'il y a de réel dans ce titre, il ne faut que voir ce qui est arrivé dans les partages. C'est-là qu'on discute les droits legitimes de chacun, & qu'on fait valoir ses justes pretentions. Or dans celuy qui suivit la Tutelle de Marie de Bourbon qui s'est servie de ces termes rapportez par l'Auteur, Monsieur de Longueville pere de Madame de Nemours obtint seul le Comté de Neuf-Chastel tout entier.

Illustres, tres-hauts & tres-Puissans Princes Messeigneurs les Ducs de Longueville & Comte de saint Paul ses enfans p.103.

Aprés ce grand nombre d'exemples de l'usage de Neuf-Chastel & beaucoup d'autres qui pourroient estre rapportez si les gens de Madame de Longueville ne s'estoient point emparez de tous les titres ; peut-on douter que les Souverainetez de Neuf-Châtel & de Vallengin ne se puissent & ne se doivent partager entre les heritiers d'une même succession.

Il semble même assez inutile d'estre entré dans la question de la nature des Fiefs de dignité, pour justifier qu'ils sont divisibles, & d'avoir raporté des exemples considerables de ce qui se pratique dans les autres Estats & chez les estrangers, puisque l'usage domestique & la coustume de tout temps observée dans la famille des Souverains de Neuf-Chastel, ont justifié que ces Souverainetez estoient divisibles.

Mais si l'Auteur du Memoire avoit esté de bonne foy, & qu'il eust bien voulu reconnoistre la decision de cette difficulté dans les propres titres de l'Abbé d'Orleans, dont on se veut servir pour pretendre que ces Souverainetez luy doivent appartenir, & dans les actes mêmes de Madame de Longueville qui en fait aujourd'huy la contestation, il auroit esté inutile d'en chercher la preuve dans l'Histoire, puisque ces seules pieces sont suffisantes pour détruire sa pretention.

Il a esté remarqué dans le fait qu'aprés le deceds d'Henry d'Orleans, l'Abbé d'Orleans son fils, qui pour lors comme aisné de la maison avoit pris le nom de Duc de Longueville, passa deux donations au profit du Comte de saint Paul son frere.

Par la premiere du 21. Mars 1668. faite en presence des Estats de Neuf-Chastel, aprés avoir nommé le Comte de saint Paul *son frere puisné & coheritier*, il declare qu'il luy fait don de *tous & tels droits de Souveraineté, de proprieté & autres qui appartiennent & sont acquis à mondit à mondit Seigneur en ladite qualité de principal heritier és Souverainetez de Neuf-Chastel & de Vallengin, leurs circonstances & dépendances sans aucune chose en excepter; au moyen dequoy lesdites Souverainetez & Principautez de Neuf-Chastel & de Vallengin appartiendront pour le tout à mondit Seigneur le Comte de saint Paul.*

a Par cét acte si solemnel & que l'on jugera facilement avoir esté bien concerté par le Conseil de ce Prince; l'Abbé d'Orleans ne demeure-il pas d'accord que le Comte de saint Paul avoit part dans ces Souverainetez, puis qu'il l'appelle son *coheritier*, qu'il ne luy parle que de *tous & tels endroits* qui luy pouvoient appartenir dans la Souveraineté, qui sont termes limitatifs, & qui marquent qu'elle ne luy appartenoit pas entierement; & qu'enfin il adjouste qu'au moyen de la donation qu'il fait à son frere, *elles luy appartiendront pour le tout*? C'estoit en effet reconnoistre que le Comte de saint Paul y avoit part.

Cette division fust faite comme il a esté remarqué en presence des Estats de Neuf-Chastel, qui ne reclamerent pas lors contre un acte qui establissoit la pluralité des Seigneurs, ils signerent même, comme témoins au Contract de donation.

Mais l'Abbé d'Orleans s'est encore plus clairement expliqué par la seconde donation qu'il a faite à son frere du

a Il n'y eut jamais d'acte moins concerté que celuy-là, puis qu'il a esté fait par de jeunes Princes peu instruits de leurs droits, à l'insceu de Madame de Longueville leur mere, & de son Conseil, & que ny l'un ny l'autre n'avoit interest de ménager les droits de l'aisné. Car Monsieur le Comte de saint Paul n'avoit interest que d'obtenir tout le Comté par cette donation: & Monsieur de Longueville qui n'en vouloit rien retenir, n'avoit que faire de discuter jusques où s'étendoit sa donation. Ce fut ce qui les porta à prendre des termes indeterminez, qui avoient pour effet que le Comté passast tout entier à Monsieur le Comte de saint Paul, mais qui ne decidoient rien sur les pretentions de l'aisné ny du cadet. Monsieur de Longueville ne dit pas qu'il luy donne sa moitié du Comté de Neuf-Chastel. Il sçavoit bien qu'il luy en appartenoit beaucoup d'avantage. Il ne dit pas aussi qu'il le luy donne tout entier. Monsieur le Comte de saint Paul qui y pretendoit une recompense, n'auroit pas souffert une expression si generale. Mais il dit qu'il luy donne tout ce qui luy appartient en qualité de principal heritier. Ce qui peut comprendre tout.

Cela ne faisoit donc tort ny à l'un ny à l'autre, & produisoit seurement l'effet que chacun d'eux pretendoit, qui estoit à l'égard de Monsieur le Comte de saint Paul, d'avoir toute cette Souveraineté, & à l'égard de Monsieur de Longueville de n'en rien reserver. C'est pour cette raison que les Estats qui n'avoient interest que de conserver l'indivisibilité du Comté ne la crurent pas blessée, d'autant plus que Monsieur de Longueville fit paroistre par ses actions, que la Souveraineté n'appartenoit qu'à luy seul, & que Monsieur de saint Paul le reconnut en luy laissant exercer en sa presence toutes les actions de Souverain. Car non seulement il prit seul en presence de Monsieur le Comte de saint Paul, le titre de Souverain de Neuf-Chastel, mais il fit assembler le Conseil d'Estat, il donna des dispenses, il fit commandement aux trois Estats de reconnoistre Monsieur le Comte de S. Paul pour Souverain; & il luy remit le Sceptre, qui est la marque de Souveraineté. Ainsi ces termes indeterminez de la donation estant determinez par les actions de Monsieur de Longueville, & par celle de Monsieur le Comte de saint Paul, les Estats qui se sont de tout temps plus attachez aux actions qu'aux paroles, & qui ont pour leurs Souverains toute la deference qu'on peut avoir, crurent que l'indivisibilité du Comté estant suffisamment à couvert, ils ne leur devoient pas faire de la peine pour quelques termes qui n'avoient pas d'eux-mêmes de mauvais sens, & qui ne leur pouvoient nuire.

surplus de ses biens le 19. Fevrier 1671. il declare que c'est pour les mêmes motifs *pour lesquels il luy a cy-devant fait don & delaissement des parts & portions qui luy appartenoient dans les Comtez Souveraines de Neuf-Chastel & de Vallengin en Suisse.*

b Cét acte est plus formel en effet, aussi n'a-t'il pas esté porté à Neuf-Chastel en cét estat: & certainement, il n'y auroit pas passé. Il ne signifie pourtant autre chose sinon que Monsieur de Longueville croyoit que Monsieur le Comte de saint Paul pouvoit pretendre quelque petite part aux Domaines: c'est à dire qu'il n'estoit pas parfaitement informé de ses droits, ce qui ne luy peut faire aucun prejudice. Car ces droits ne se doivent pas regler par sa pensée, mais par la verité & par la realité.

c Monsieur de Longueville peut pretendre tout ce qu'il avoit donné; or il avoit tout donné, puisque ayant en effet le tout, il avoit donné tout ce qu'il y avoit.

On dit davantage, que quand par un erreur de fait, Monsieur de Longueville auroit crû qu'il n'avoit que la moitié de Neuf-Chastel, & que dans cette creance il n'auroit donné que la moitié de ce Comté à Monsieur le

b Peut-on adjouster quelque * chose à des termes si clairs, & l'Auteur du Memoire trouvera-il qu'ils ne sont pas formels & precis? Ces deux donnations sont les titres dont on se sert sous le nom de l'Abbé d'Orleans pour se prevaloir de la clause de retour; on ne peut pas diviser les dispositions sans détruire les actes; on ne peut donc *c* pretendre aux termes mêmes de ces donations que des parts & portions; autrement ce seroit demander plus qu'il n'a esté donné, & faire sa condition meilleure aprés le cas de la reversion qu'elle n'estoit auparavant la donation. Mais il est impossible de pretendre que ces Souverainetez soient indivisibles, & appartiennent entierement à l'aisné puis qu'il declare luy-même qu'il n'y avoit que des parts & portions.

Comte de saint Paul, Madame de Nemours n'en auroit pas plus de droit d'y pretendre quelque chose. Car comme il avoit en effet le tout, s'il n'en avoit donné que la moitié, il auroit retenu l'autre, & reprenant celle qu'il avoit donnée par la clause de reversion, il auroit encore le tout.

* d Ces reconnoissances de l'Abbé d'Orleans ont esté acompagnées de celles de Madame de Longueville sa mere, pendant l'administration qu'elle a euë de ses enfans. Elle les a toûjours considerez comme Seigneurs de Neuf-Chastel, & elle a agy pour eux conjointement en cette qualité dans une Commission qu'elle donna en 1663. pour le reglement des Fiefs du Comté de Neuf-Chastel. Elle parle en ces termes, *nous desirons conserver les droits de nosdits enfans, & tenir leurdite Comté Souverain de Neuf-Chastel en tout le lustre & autorité qui leur appartient justement, &c.* il n'y a aucun acte touchant ces Souverainetez qui ne soit semblable.

d On a expliqué ce langage cy-dessus.

* e Et dans cette derniere occasion du deceds de Charles Paris d'Orleans son fils; quand elle envoya Fontenay à Neuf-Chastel pour en prendre possession, sa Procuration fut faite en qualité de *Curatrice de Jean Loüis Charles Paris d'Orleans son fils Prince Souverain des Comtez de Neuf-Chastel & de Vallengin en Suisse, tant en vertu de la clause de retour apposée en la donation par luy faite le 21. Mars 1668. à deffunt Monseigneur Charles Paris d'Orleans son frere desdites Souverainetez & des parts & portions à luy appartenantes en icelles, que comme heritier dudit feu Seigneur de Longueville, &c.*

e Cét acte fait voir clairement que Madame de Longueville estoit déja instruite en ce temps-là que la Souveraineté appartenoit en titre à l'aisné, puis qu'elle marque que Monsieur de Longueville avoit donné à Monsieur son frere *les Souverainetez de Neuf-Chastel & de Vallengin.* Ainsi les *parts & portions en icelles* ne peuvent regarder que les Domaines où elle croyoit peut-estre que Monsieur le Comte de saint Paul pouvoit pretendre quelque chose. Mais si le langage même de Monsieur de Longueville, qui s'est servy de ces termes, ne peut prejudicier à ses veritables droits, à plus forte raison celuy de sa Curatrice.

f Tout ce que l'Auteur des *Deffenses* peut conclurre est, que ceux qui ont dressé cét acte croyoient alors que Monsieur le Comte de saint Paul en qualité de cadet, pouvoit pretendre quelque petite portion au Domaine de Neuf-Chastel, au lieu qu'ils sont presentement instruits qu'il n'auroit pû y rien pretendre du tout. Mais seulement une legere recompense en quelque terre hors du Comté.

g Le Conseil de Madame de Longueville ne s'estant pas imaginé que Madame de Nemours, aprés la renonciation si solemnelle qu'elle a faite à la succession de Monsieur son pere, & à celle de ses freres en faveur du survivant, pust rien pretendre sur Neuf-Chastel, ne s'est pas mis en peine d'abord de determiner au juste par quels titres Monsieur de Longueville devoit rentrer dans la possession d'un bien qui luy appartenoit par plusieurs titres. Et ainsi sans autre examen il a suivy le langage de la derniere donation faite à Paris.

f Comment aprés tous ces actes peut-on se servir du nom de l'Abbé d'Orleans, pour pretendre que la totalité luy appartenoit de son chef, puis qu'il est qualifié en termes exprés par cette Procuration *Prince Souverain de Neuf-Chastel & de Vallengin, tant à cause de la condition de retour pour les parts & portions par luy données au Comte de saint Paul son frere.* Donc le tout ne luy appartenoit pas de son chef, & au temps des donations, *qu'en qualité d'heritier de son frere.* Donc le Comte de saint Paul y avoit aussi part de son chef, puisque l'Abbé d'Orleans pretendoit le titre de Souveraineté aussi bien par la succession de son frere, & en qualité de son heritier, que par la reversion portée par cette donation. *

g Le Conseil de Madame de Longueville qui est si éclairé ne se seroit pas mépris dans un acte si important. Il s'agissoit de faire valoir tous les droits pretendus de l'Abbé d'Orleans sur ces Souverainetez & d'en prendre possession. Il est sans doute qu'on n'auroit pas parlé dans cette Procuration des *parts* & *portions*, si le tout luy appartenoit, & encore moins, si elles estoient indivisibles comme le pretend l'Auteur du Memoire. *

Il est

Il est donc nettement justifié par la disposition de droit, par l'autorité des Docteurs, par les exemples tant estrangers que domestiques; & enfin par les titres mêmes de Madame de Longueville que les Souverainetez de Neuf-Chastel & de Vallengin n'ont point le privilege de h la loy Salique qu'on y a voulu establir, & qu'elles ne peuvent tirer aucun avantage de la constitution de Federic, & par consequent qu'elles ne sont point indivisibles de leur nature ny par l'usage. i Elles ont toûjours esté possedées par plusieurs en commun, & par consequent elles peuvent estre divisées, & tomber en partage.

k Quand cette maxime qui est si certaine & des premiers elemens du droit, pourroit estre contestée, & qu'une chose pourroit estre commune sans estre divisible, il seroit toûjours vray de dire qu'elle pourroit appartenir à plusieurs conjointement, quoy que par indivis, & ainsi Madame de Nemours n'auroit pas moins de droit de pretendre en qualité d'heritiere du sang de son pere & de son frere d'avoir part dans ces Souverainetez, si ce n'est comme divisibles, au moins comme communes, supposé que son sexe ne l'en rende point incapable comme on le pretend, c'est ce qu'il faut examiner.

h On n'a jamais pretendu que la Souveraineté de Neuf-Chastel eust le privilege de la loy *Salique*, mais seulement qu'elle appartenoit totalement à l'aisné, & que les filles n'y avoient rien, lors qu'il y avoit des mâles en pareil degré.

i L'Auteur des *Deffenses* ne conclut pas seulement ce qu'il n'a pas prouvé, mais il conclut encore ce qu'il ne veut pas prouver: car on ne croid pas qu'il pense que cette Souveraineté ait toûjours esté possedée par plusieurs & en commun, cependant il le dit icy sans y penser.

k Ce seroit une chose assez nouvelle qu'une Souveraineté possedée en même-temps en commun par un frere & par une sœur: car non seulement il n'y en a point d'exemples dans les quatre familles qui ont possedé Neuf-Chastel; mais il seroit même difficile d'en trouver dans tout le reste du monde, & dans l'histoire de tous les siecles.

REPONSE A UN ECRIT INTITVLÉ

Deffenses des droits de Madame de Nemours pour les Souverainetez de Neuf-Chastel & de Vallengin.

CINQUIEME PARTIE.

Contenant la troisiéme question, s'il est vray que Madame de Nemours ne puisse rien pretendre à ces Souverainetez à cause de son sexe.

POur comprendre combien les pretentions de Madame de Nemours sur le Comté de Neuf-Chastel sont extraordinaires, il n'y a qu'à considerer qu'elle n'est pas la premiere qui se trouve fille ou sœur des Comtes de Neuf-Chastel. On sçait l'histoire de cette Souveraineté depuis quatre cens ans, par plusieurs actes qui en restent, & l'on y trouve dix-neuf filles qui ont eu les mêmes droits que Madame de Nemours. Il n'y a donc qu'à considerer de qu'elle sorte elles ont esté partagées pour voir jusqu'où Madame de Nemours auroit pû porter ses pretentions, si elle n'avoit point renoncé à la succession de Monsieur de Longueville son frere.

Amedée Comte de Neuf-Chastel & fils de Rodolphe avoit deux sœurs, l'une nommée Agnelette, & l'autre Marguerite. Ces deux sœurs n'eurent par le Jugement arbitral de leur grand pere Thierri Cosseigneur de Montbeliard, que quelques terres évaluées à mil livres.

Agnelette.
Marguerite.

Rodolphe fils d'Amedée avoit quatre sœurs Alix, Sibillette, Agnes & Nicole.

A **

Alix. Alix eut quatre cens livres de dot, que Rodolphe son frere luy donna.

Sibilette. Sibilette cent livres de rente par le Testament du même Rodolphe.

Agnes. Nicole. Agnes & Nicole furent Religieuses.

Marguerite. Marguerite sœur de Loüis Comte Neuf-Chastel fils de Rodolphe eut des terres en engagement pour cinq mil livres, selon le Testament de son pere, mais en comparant cette dot avec celle de ses tantes, il paroist que c'estoit ou un avantage que son pere luy avoit fait, ou ce qui luy appartenoit du bien de sa mere, & non pas ce que la coûtume luy donnoit sur Neuf-Chastel.

Catherine. Catherine sœur de Marguerite n'eut rien par le Testament de Rodolphe, parce qu'il l'avoit dotée en la mariant deux fois.

Loüis Comte de Neuf-Chastel à qui il ne restoit que deux filles ayant disposé de son bien en leur faveur, *selon les Us & Coustumes de Neuf-Chastel*, comme il le declara dans son Testament; Varenne sa fille puisnée, qui tenoit lieu d'un cadet, n'eut neanmoins que la Chastelenie du Landron, qui ne faisoit qu'une petite partie du domaine de Neuf-Chastel, & encore avec condition d'en faire hommage à sa sœur Isabelle, qui eut tout le reste.

Varenne.

Anne de Fribourg. Varenne ayant eu deux enfans Conrard de Fribourg & Anne de Fribourg, Isabelle qui n'en eut point, laissa par Testament son Comté tout entier à Conrard son neveu, sans rien donner à Anne sa niece.

Rodolphe Marquis d'Hochert, petit fils d'Anne de Fribourg, eût le Comté de Neuf-Chastel par le Testament de Jean Comte de Fribourg, sans que son cadet, nommé Guillaume, y eut aucune part.

Catherine. Et ce même Rodolphe ayant un fils nommé Philippes & une fille nommée Catherine, il laissa le Comté de Neuf-Chastel tout entier à son fils Philippes, & Catherine fille n'eut par le testament de son pere que dix livres outre sa dot.

Charlotte d'Orleans. Charlotte d'Orleans fille de Jean d'Hochert mariée au Duc de Nemours eut dix mil livres en mariage, & n'eut aucune part au Comté de Neuf-Chastel.

Françoise d'Orleans. Jeanne de Savoye. Françoise d'Orleans Sœur de Leonor mariée à Loüis Prince de Condé, & Jeanne de Savoye Sœur de Jacques Duc de Nemours mariée au Comte de Vaudemont, ne pretendirent rien au Comté de Neuf-Chastel aprés la mort de François d'Orleans leur cousin germain, & elles laisserent contester Leonor & Jacques de Savoye. Leur different fut terminé, comme il a esté dit plusieurs fois, le Comté demeura tout entier à Leonor, & Jacques eut une recompense peu considerable.

Il est aisé de juger de cela même, que cette contestation ne fut qu'entre ces deux Princes, sans que leurs Sœurs y ayent pris aucune part, qu'il passoit pour constant en ce temps-là que les filles ne pouvoient rien pretendre au Comté de Neuf-Chastel en égalité de degré avec les mâles; & que si Jacques de Savoye Duc de Nemours y pretendit quelque chose, ce ne fut pas seulement à cause la proximité, puisque Jeanne sa sœur & Françoise d'Orleans sœur de Leonor estoient au même degré que luy, mais aussi parce qu'il estoit mâle, & qu'il pretendoit par là de l'avantage sur elles, quoy qu'il ne fust cousin de François d'Orleans Comte de Neuf-Chastel que par sa mere Charlotte.

Il est vray qu'és années 1601. & 1602. le Comte de saint Paul ayant demandé la moitié du Comté de Neuf-Chastel, Catherine, Marguerite & Antoinette ses sœurs tous enfans de Leonor d'Orleans demanderent aussi leur part; mais outre qu'il s'en faut bien que des pretentions ne soient des droits legitimes, l'évenement a assez fait voir qu'elles estoient mal-fondées, puisque le Comté de Neuf-Chastel demeura entier à Henry d'Orleans leur neveu fils de l'aisné de leur frere. Catherine. Marguerite. Antoinette. Eleonor.

Il est encore remarquable, qu'en tout ce qui reste d'actes de Princes de cette Souveraineté, on n'en trouve pas un seul où les filles soient nommées avec les mâles. Les oncles de Rodolphe, par exemple, intervintent bien dans l'acte de 1303. rapporté dans le Memoire, mais ses sœurs n'y paroissent point, non plus que dans ceux de 1292. & 1294. quoy que Rodolphe fût alors mineur, & que l'on doive presumer que Jean leur oncle auteur de Rodolphe auroit agy en leur nom, si elles eussent eu part au Comté de Neuf-Chastel.

Madame de Nemours neanmoins, qui est la dix-neuviéme de celles de cette Maison, qui ont eu les mêmes droits qu'elle, ne s'étonne pas de tous ces prejugez, & quoy qu'elle ne soit distinguée des autres que parce qu'elle a solemnellement renoncé aux successions de son pere & de ses freres, elle pretend renverser tous ces exemples & cette coûtume establie par une possession de quatre cent ans. Elle veut montrer que celles de son sexe qui ont esté dans l'Estat où elle se trouve n'y ont rien entendu, qu'elles ont toutes esté ou trop simples de s'estre contentées de leur dot, ou trop faciles à abandonner leurs droits par des transactions.

L'entreprise est sans doute fort grande, & bien au dessus des regles communes, & elle avoit besoin d'un Apologiste tel que l'Auteur des *Deffenses*, nous allons voir les efforts qu'il fait pour la soûtenir: mais il est bon auparavant d'établir certains principes qui pourront abreger l'examen que nous allons faire de ce qu'il a écrit sur cette matiere.

Le premier est que c'est un procedé qui n'est nullement regulier de se former une question en l'air, & d'imputer à ceux que l'on combat, ce qu'ils n'ont jamais ny pensé ny dit.

Le second est que la coûtume presque universelle de tous les Estats où les filles peuvent succeder, estant qu'elles ne succedent point en égalité de degré: c'est une consequence vaine & frivole que de conclure l'un de l'autre.

Le troisiéme, qui est une suite des deux premiers, est que quiconque prouve en general que les filles peuvent succeder au Comté de Neuf-Chastel, & qui ne prouve point qu'elles y succedent en égalité de degré, peche doublement contre le bon sens.

Premierement, en fatiguant les lecteurs par la preuve d'une chose non contestée.

Secondement, en ne prouvant point ce qui est en question & dont on ne convient pas.

Ces regles sont seures & certaines, & il n'y a plus qu'à voir si l'Auteur des *Deffenses* n'a point donné sujet de luy reprocher de les avoir violées.

a ON croit avoir plus de raison d'user de ce langage que l'Auteur des *Deffenses*, & de soûtenir que cette question touchant l'exclusion des filles de la succession du Comté de Neuf-Chastel en égalité de degré avec les mâles est déja decidée par ce qui a esté dit de l'indivisibilité.

b On a prouvé qu'il y a à Neuf-Chastel une coûtume locale establie par les Princes, & par les Estats, & autorisée par une possession de quatre cens ans, qui exclut les filles de toute portion du domaine en égalité de degré, & l'on ne voit pas quel droit à l'Auteur des *Défenses* de supposer le contraire.

c Qui ne diroit à voir l'effort que l'Auteur fait pour montrer que les femmes ne sont pas absolument incapables par leur sexe de succeder aux Souverainetez, qu'on a soûtenu positivement le contraire. Cependant c'est à quoy personne n'a jamais pensé. Cela suffit pour convaincre l'Auteur des *Deffenses*, qu'il observe mal la regle que nous avons establie. Mais si ce discours est inutile à Madame de Nemours; il ne l'est pas tout à fait à Monsieur de Longueville, puis qu'il paroist dans tous les exemples, qu'il rapporte, que les filles n'ont jamais succedé aux Souverainetez qu'au défaut des mâles dans le même degré.

a CE n'est que par surabondance de droit, & pour suivre l'ordre qu'on s'est proposé dans ce discours, que l'on examine cette question separément, puisque la pretention de l'Auteur du Memoire touchant l'indivisibilité des Souverainetez de Neuf-Chastel & de Vallengin, ayant esté suffisamment détruite, il est estably par une consequence necessaire que les femelles y doivent avoir part aussi bien que les mâles, n'y ayant aucune disposition de droit ny coustume b locale qui y soyent contraires.

Neanmoins c pour establir encore plus fortement cette verité, on fait deux propositions également certaines. La premiere, que les filles ne sont point incapables des Couronnes, & que leur sexe ne les exclut point de la Souveraineté. La seconde que dans la concurrence les filles peuvent même succeder aux Souverainetez à l'exclusion des mâles, suivant les differentes dispositions des coustumes, d'où il sera facile de conclure que les filles doivent & peuvent succeder concurremment avec les mâles aux Souverainetez, lors que la loy ny la coustume ne les en excluent point.

Pour establir la premiere proposition on ne repetera point tout ce qui est des maximes de droit où l'on n'a fait aucune distinction du sexe dans le partage des successions, ny même de tout ce qui a esté dit touchant le partage des Fiefs communs ou de dignité; on se se servira facilement de l'usage receu presque dans tous les Estats du monde, particulierement dans celuy de Neuf-Chastel (on doit toûjours excepter la France qui est en possession de ce privilege, par toutes les raisons qui en ont esté alleguées) l'Espagne qui peut tenir le second rang aprés la France, n'a jamais pretendu joüir du même droit.

d Isabelle apporta le Royaume de Castille en mariage à Ferdinand Roy d'Arragon.

Jeanne de Castille leur fille par le mariage avec Philippes d'Autriche a fait passer dans cette maison les Royaumes qui y sont demeurez jusques à present.

Les Pays-Bas sont entrez dans la maison d'Espagne par le mariage de Marie de Bourgogne.

d Isabelle & Jeanne, Reines de Castille, Marie de Bourgogne, Anne de Bretagne, Marie & Elizabeth Reines d'Angleterre, Marie Stuard Reine d'Ecosse, Christine Reine de Suede estoient toutes filles uniques, & n'ont point succedé conjointement avec les mâles. Qu'un petit exemple d'une sœur qui eust succedé conjointement avec son frere auroit esté à propos ! Et que l'Auteur est fâché de n'en avoir point trouvé ! Car il a trop d'esprit pour n'avoir pas vû combien tous ceux qu'il rapporte icy luy sont inutiles.

Et la France est en possession de la Bretagne par le mariage de Charles huitiéme avec Anne de Bretagne qui en estoit heritiere.

Marie & depuis Elisabeth ont regné en Angleterre, Marie Stuard dans l'Ecosse, & Christine dans la Suede.

On pourroit encore rapporter une infinité d'exemples tant dans l'antiquité que dans les derniers temps qu'on obmet pour se renfermer dans l'usage domestique & de la famille des Souverains de Neuf-Chastel. Il est entré comme il a esté observé dans la maison de Longueville par Jeanne de Hochberg, & auparavant il avoit passé d'Isabelle de Neuf-Chastel en la maison de Fribourg, & depuis par Isabelle de Fribourg en celle de Hochberg descenduë des Comtes de Baden.

Il est donc constant par tous ces exemples qui confirment un usage qu'on peut appeler universel, & qui particulierement est pratiqué à Neuf-Chastel, que les filles ne sont point incapables des Souverainetez, au contraire qu'elles les ont possedées sans aucune contestation.

La seconde proposition est que dans la concurrence des mâles avec les filles elles ont succedé aux Souverainetez, preferablement aux mâles selon la disposition des Coustumes.

De cette proposition inutile, *que les femmes ne sont pas incapables de succeder aux Souverainetez*, l'Auteur passe à une autre qui ne l'est pas moins, en prouvant par trois exemples qu'elles ont esté preferées aux mâles, lors qu'elle[s] se sont trouvées dans un degré ou inégal de soy ou rendu inégal par la coûtume.

Mahault n'estoit point en égalité de degré avec Robert troisiéme, car estant fille de Robert second, & Robert troisiéme n'en estant que petit fils, elle estoit plus proche d'un degré, & elle excluoit Robert par la disposition de la coûtume d'Artois, ou la representation n'a point de lieu.

Jeanne Comtesse de Pentieure tenant la place de son pere Guy, qui estoit l'aisné de Jean de Montfort, avoit aussi sur luy l'avantage du droit d'ainesse.

Enfin la Reine estant née du premier mariage du Roy d'Espagne, a pû legitimement pretendre à tout ce que la coûtume du Brabant donne aux enfans du premier lit par le droit de devolution. Mais Madame de Nemours n'a aucun de ces avantages. Elle n'est point dans un degré superieur à Monsieur de Longueville, comme Mahault. Elle ne represente point un fils aisné, comme Jeanne Comtesse de Pentieure, & elle n'a aucun droit de devolution comme la Reine.

Il y en a un exemple considerable pour le Comté d'Artois, qui fust disputé entre Robert troisiéme fils de Philippes, & Mahault sa tante. On peut juger que toutes les raisons en faveur des mâles n'y furent pas oubliées. Mahault n'avoit point d'autre raison que celle de la coustume dans laquelle representation n'a point de lieu, & comme Philippes pere de Robert troisiéme estoit decedé devant Robert second son ayeul; Robert troisiéme n'y pouvant venir que par representation de son pere, Mahault soustenoit qu'il en devoit estre exclus.

Cette question celebre fut jugée en faveur de Mahault par le Parlement de Paris, le Roy Philippes le Bel y seant, & le Comté d'Artois luy fut adjugé conformément à la coûtume, dont la disposition fut preferée à la faveur des mâles.

En 1341. il y eut un different qui ne fut pas moins celebre pour le Duché de Bretagne entre Jean Comte de Montfort frere de Jean Duc de Bretagne & Charles de Blois mary de Jeanne Duchesse de Pentieure, fille de Guy frere aisné du Comte de Montfort.

Il s'agissoit aussi de la preference des mâles, le frere même estant plus proche, & par consequent plus habile à succeder à Jean Duc de Bretagne; le Comte de Blois alleguoit la disposition de la coustume dans laquelle representation à lieu. En cela contraire à celle d'Artois, & ainsi il pretendoit que Jeanne sa femme representant Guy son pere, aisné du Comte de Montfort, la Bretagne luy devoit apartenir. Il fust ainsi jugé par le même Parlement de Paris.

Mais le troisiéme exemple est encore plus fort & plus propre au sujet dont est question ; on a justifié pour les droits de la Reyne qu'elle devoit succeder à Philippes quatriéme Roy d'Espagne son pere dans le Duché de Brabant à l'exclusion du Roy son frere, parce que la coustume prefere les filles du premier lit par le droit de devolution aux mâles du second lit ; personne ne disconviendra de ce droit qui a esté si solidement estably.

* f Ces trois exemples sont en trois especes differentes ; dans la premiere, une tante succede à l'exclusion de son neveu ; dans la seconde, on maintient une niece preferablement à son oncle, & dans la troisiéme, la sœur est preferée dans le droit de Souveraineté, & tous trois prouvent également la seconde proposition, que les filles dans la concurrence peuvent donner l'exclusion aux mâles.

f Il est vray que ces trois exemples sont en trois especes differentes, mais par malheur pour l'Auteur, il n'y en a aucune dans l'espece dont il s'agit uniquement.

* g De ces deux propositions la consequence est infaillible, qu'à plus forte raison les filles peuvent & doivent succeder conjointement avec les mâles, quand il n'y a aucune raison dans la loy ou dans la coûtume pour les exclure.

g C'est une chose admirable que l'Auteur n'ait pû trouver aucune nation du monde à qui il ait plû de tirer cette consequence infaillible, & d'admettre les filles à la succession des Souverainetez en égalité de degré avec les mâles, lors qu'il n'y avoit point de raisons particulieres. Cela suffisoit ce me semble pour faire douter l'Auteur de l'infaillibilité de sa consequence. Il est vray qu'il s'est reservé un moyen de s'échaper par cette clause qu'il ajoûte, que les filles doivent succeder quand *il n'y a aucune raison dans la loy ou dans la coûtume pour les exclure*. Mais elle ne sert de gueres à Madame de Nemours, puis qu'il se trouve que par je ne sçay qu'elle fantaisie, il a toûjours plû aux hommes d'exclure par loy & par coûtume les filles des Souverainetez, quand elles estoient en égalité de degré avec les mâles sans avoir égard aux consequences infaillibles de l'Auteur des *Deffenses*. Et nous avons montré à l'égard de Neuf-Chastel que cette coûtume y estoit establie par une possession de quatre cens ans.

* h Or dans le fait, il est constant, comme il a esté justifié, qu'il n'y a à Neuf-Chastel, ny loy ny coustume qui don-

h L'Auteur fait des maximes & des coûtumes selon ses besoins. On a dû y estre accoûtumé, & ainsi on ne s'étonnera pas qu'on luy soûtienne que celle qu'il fait icy, n'est pas veritable ; non seulement à l'égard de la Souveraineté que les Princes & les Estats ont pû regler par une coûtume particuliere, mais aussi à l'égard des Fiefs du Comté de Neuf-Chastel, ausquels on ne trouvera point que les filles succedent avec les mâles en égalité de degré, à moins que cela ne soit expressément enfermé dans l'investiture. La Seigneurie de Vallengin en est une preuve manifeste. Car les filles n'y ont jamais succedé quand il y a eu des mâles au même degré, comme l'Auteur le peut aisément verifier luy-même par les hommages que les Seigneurs de Vallengin ont fait aux Comtes de Neuf-Chastel pendant plusieurs siecles, contenus dans la declaration de l'an 1576. des quatre Cantons de Berne, Lucerne, Fribourg & Soleure, inserée dans le Registre produit par Madame de Nemours, fol. 68.

i La remarque que l'Auteur des *Défenses* en avoit faite, & qu'il en fait encore, n'est pas seulement inutile, mais aussi injuste, puis qu'elle tend à faire croire que l'on avoit pretendu que les filles ne peuvent succeder au Comté de Neuf-Chastel, même au défaut de mâles, & c'est à quoy l'on n'a jamais pensé.

k Le Duc de Nemours n'a jamais eu la moitié dans le Comté de Neuf-Chastel. Car un accord provisionnel dans lequel Leonor s'estoit reservé son action pour la totalité, ne pouvoit acquerir aucune proprieté au Duc de Nemours. Et il n'avoit pas même ce droit provisionnel, comme representant simplement sa mere Charlotte, mais comme mâle & cousin germain de François d'Orleans Duc de Longueville, quoy que par sa mere. Or Philippes second Roy d'Espagne a bien montré, à l'égard de sa succession du Royaume de Portugal, qu'on pouvoit mettre une grande difference entre un mâle venu d'une fille, & une fille qui est au même degré qu'un mâle, ne la preference de sexe dans les successions, non plus que de primogeniture, au contraire elles se partagent également. Il faut donc conclure qu'à Neuf-Chastel les filles succedent à la Souveraineté toute entiere, quand il n'y a point de coheritier, & qu'elles y ont leur part concurremment avec les mâles.

Il y en a même des exemples, aprés lesquels il ne peut rester aucune difficulté. On a déja remarqué que i Jeanne de Hochberg avoit porté cette Souveraineté dans la Maison de Longueville, & qu'aprés le decez de son mary elle avoit gouverné conjointement avec ses deux enfans. Les actes de 1531. & 1539. en ont esté rapportez, ceux de 1552. & de 1554. ensemble celuy de 1558. sur le fait de la dixme de l'Hôpital font connoistre que le Duc de Nemours avoit la moitié k dans ces Souverainetez du chef de Charlotte d'Orleans sa femme, dont l'autre moitié appartenoit à Leonor d'Orleans son neveu.

Ce même acte de 1558. porte en

en termes exprés, *Sinon au cas que nostredit Comté tombast en autre main que de nous & nosdits heritiers & successeurs perpetuellement, tant mâles que femelles en droite ligne, fust par guerre, vendition, échange ou autrement, &c.* Ce qui justifie que les femelles indistinctement & conjointement avec les mâles, ont droit de succeder à ces Souverainetez, & qu'elles ne passent pas indispensablement aux mâles à l'exclusion des femelles, comme l'a pretendu l'Auteur du Memoire.

Cela a pû suffire au Duc de Nemours pour colorer ses pretentions, & cette pretention colorée a pû suffire à Leonor d'Orleans pour luy donner une petite recompense.

Dans le procés verbal de l'investiture des Ducs de Longueville & de Nemours de l'an 1552. les Audiences assemblées reconnoissent que les * Seigneurs & leurs sœurs l *sont les plus proches du défunt Comte de la succession duquel il s'agit*; ce Tribunal qui est le premier de Neuf-Chastel, & au dessus des Estats n'auroit pas parlé des sœurs concurremment avec les freres pour le droit de Souveraineté dont il s'agissoit, si par la coustume du païs elles en avoient esté perpetuellement excluses.

m Les droits de Madame de * Nemours restent donc en leur entier dans les successions de sa maison en qualité d'heritiere du sang aussi bien pour les Souverainetez de Neuf-Chastel & de Vallengin, que pour le surplus des biens, puisque ny la renonciation pretenduë par elle faite, ny le titre de Souveraineté, ny son sexe, n'y peuvent apporter aucun empeschement, il faut maintenant examiner le droit qui luy appartient en qualité d'heritiere Testamentaire.

l Cependant ces sœurs, qui estoient Françoise sœur de Leonor d'Orleans, mariée à Loüis de Bourbon Prince de Condé, & Jeanne de Savoye mariée au Comte de Vandemont, n'ont jamais rien eu ny demandé au Comté de Neuf-Chastel, quoy qu'aussi proches parentes de François Duc de Longueville que Leonor d'Orleans & le Duc de Nemours. Dequoy l'Auteur des *Deffenses* ne tirera-t'il point des argumens, puis qu'il a trouvé le secret de prouver par l'exemple de filles qui n'ont jamais rien pretendu à cette Souveraineté, que Madame de Nemours y peut pretendre?

m Jamais droits ne furent plus mal establis jusques icy, on verra si l'Auteur des *Deffenses* sera plus heureux dans les autres questions.

REPONSE A UN ECRIT INTITULE'

Deffenses des droits de Madame de Nemours pour les Souverainetez de Neuf-Chastel & de Vallengin.

SIXIE'ME PARTIE.

Contenant la réponse à la quatriesme Question: Si Madame de Nemours est instituée heritiere par le Testament de M. le Duc de Longueville son frere.

DE toutes les Questions qu'il a plû à l'Auteur de ces *Deffenses* de traiter, celle-cy est assurement la plus inutile, & celle en laquelle il paroist le plus visiblement qu'il n'a voulu que s'exercer. Car premierement il n'y en a presque pas une qui ne la vuide sans qu'il soit besoin de se donner la peine d'y entrer. Pardessus cela elle est jugée par les Estats de Neuf-Chastel comme toutes les autres, & préjugée au Parlement de Paris par Arrest contradictoire: & pour comble il n'est presque pas croyable qu'on ait pû s'aviser d'en faire une Question.

Premierement si la Souveraineté est indivisible, & si jamais les filles n'y ont rien eû tant qu'il a resté des mâles, comme on l'a montré par une suitte de plusieurs siecles, comment seroit-il possible que Monsieur de Longueville en eut pu disposer au profit de Madame de Nemours, quand il l'auroit formellement instituée son heritiere: Et si la condition du retour stipulé par la donation de Monsieur de Longueville à Monsieur le Comte de Saint Paul doit avoir quelque effet, comment ce Testament pourroit-il acquerir à à Madame de Nemours, ce qui n'estoit non plus dans la disposition du Testateur, que s'il n'y avoit point eu de donation.

En second lieu, cette question a esté jugée souverainement aux Estats de Neuf-chastel, qui n'ont pas trouvé qu'il y eut la moindre apparence que feu Monsieur de Longueville eût pensé à cette institution.

Elle a mesme depuis esté prejugée au Parlement de Paris, où que Mme de Nemours n'a pas seulement songé à se servir de ce Testament. Car s'il estoit possible que le nom d'heritiere qui luy est donné emportast une institution; c'est une maxime certaine que quoique les institutions d'heritier n'ayent point de lieu pour les païs de Coutume, elles y ont neanmoins l'effet d'un legs universel, & ainsi cette pretenduë institution auroit acquis à Madame de Nemours tous les biens dont feu Monsieur de Longueville auroit pû disposer en France. Cependant elle ne s'y est point pretenduë legataire universelle de son frere comme elle s'en estoit pretenduë heritiere à Neuf chastel six mois auparavant. Elle demanda seulement en qualité de son heritiere presomptive qu'il fut fait un inventaire des biens en sa presence, avec deffenses de vendre les meubles de la succession. Et comme on soutint qu'elle n'estoit heritiere que du quart de l'Hostel de Longueville qu'elle s'estoit reservée par sa renonciation, & que pour éviter les contestations qu'elle pourroit former, on offrit de la décharger de sa part de la contribution aux debtes, le Parlement la debouta de sa demande, & ne la considerant plus que comme creanciere, il luy permit seulement de prendre communication de l'inventaire par les mains du Notaire, au lieu que Madame de Longueville auroit esté condamnée de luy en donner une copie si on l'avoit crû heritiere. Mais quand rien de tout cela ne seroit le seul établissement de la question, suffit pour la decider, il s'agit de païs de Coutume, où les institutions d'heritier n'ont point de lieu, & où les Testamens sont si odieux, que par les formalitez qui y sont prescrites, il semble qu'on ait voulu tendre des pieges aux Testateurs, parceque l'esprit des Coutumes est, que c'est la loy & non point la volonté des hommes qui fait les heritiers; en sorte que les Testamens, comme disent les Docteurs françois, ne sont que de simples Codiciles, & que bien qu'on y presume legerement une institution d'heritier, elle n'y sçauroit estre trop precise & trop formelle.

Il s'agit encore en particulier du Comté de la coûtume de Neuf-chastel, qui ne se regit point du tout par le droit écrit, & qui outre l'aversion generale de tous les païs de Coutume pour les Testamens, a encore ses formalitez particulieres, & entr'autres que tout Testateur est obligé de nommer ses heritiers *ab intestat*, aussi bien en ligne collaterale que directe, & de leur donner quelque chose, sans quoy le Testament ne peut subsister suivant les attestations qu'on en a produites du 17. Janvier 1581. du 21. d'Aoust 1619. & du 7. May 1660.

Il s'agit enfin d'un Testament olografe, où le Testateur explique d'abord les motifs qu'il a de le faire, & qui sont le dessein de marquer sa tendresse pour Madame sa mere, & sa reconnoissance pour ses domestiques, & où ensuitte se reconnoissant obligé de pourvoir à l'établissement d'un fils naturel qu'il laissoit, il luy donne cinq cens mil livres à prendre sur tous ses meubles & effets mobiliers, & sur les immeubles dont il pouvoit disposer: & puis dans la pensée de procurer encore à cet enfant l'appuy dont il pourroit avoir besoin,

& de faire agréer cette disposition à Madame de Longueville & à Madame de Nemours, parce que ses meubles regardoient Madame de Longueville, si elle luy survivoit, sinon Madame de Nemours, il finit par une espece de compliment à l'une & à l'autre de ces Princesses, dont voicy les termes; *I'espere que Madame de Nemours ma sœur & mon heritiere ne desaprouvera pas cette disposition, & qu'au contraire elle voudra bien accorder son amitié & sa protection que je luy demande pour mon fils; Ie supplie Madame ma mere d'agréer cette presente disposition &c.*

C'est dans ce Testament que l'Auteur des *deffenses* entreprend de trouver une institution d'heritier precise en faveur de Madame de Nemours, & qu'à l'entendre parler, il semble qu'il faille estre aveugle pour ne l'y pas voir. Ce simple mot *d'heritiere* où l'on est porté par la seule idée qu'on fait un testament; cet epithete, qui en effet convenoit à Madame de Nemours, puisqu'elle estoit heritiere de Monsieur de Longueville pour les biens à quoy elle n'avoit pas renoncé; ce terme d'amitié d'un frere à une sœur en luy demandant une grace, paroist si formel pour l'Auteur des *deffenses*, que la volonté du Testateur ne luy sembleroit pas plus marquée, quand Monsieur de Longueville auroit dit; Je desherite mon frere & ma mere, je ne pretens point que mon frere profite de la renonciation de ma sœur, & malgré la clause de retour & l'indivisibilité de la Souveraineté de Neuf-chastel, je veux & entens que Madame de Nemours ma sœur soit ma seule & unique heritiere.

Mais qui ne voit d'abord qu'elle a esté dans ce Testament l'intention de Mr de Longueville, puisqu'il l'a luy-mesme expliquée. Qui ne voit qu'il n'y a proprement pensé qu'à ses domestiques & à son fils naturel, qu'il n'y a mesme rien fait pour Madame sa mere. Qui ne voit qu'il n'a pas eu la moindre pensée de faire Madame de Nemours son heritiere, qu'il ne luy donne rien, qu'il ne la charge de quoy que ce soit. Qui ne voit qu'au lieu que par les loix Romaines favorables aux Testamens, on essayoit d'ajuster les termes du Testament à la volonté du Testateur, quand elle paroissoit par ailleurs, il faut icy feindre une volonté dont le contraire paroist pour s'accommoder à des termes qui ne signifient rien. Qui ne voit enfin que le plus subtil Jurisconsulte ne se seroit pas avisé de cette pretention au temps mesme de Justinien, & combien l'Auteur de ces *deffenses*, s'il en vouloit dire la verité, a-t-il lû & relû de fois ce Testament, avant que d'y pouvoir trouver cette institution de Madame de Nemours, & les moyens de l'établir.

Il n'est pas besoin de s'étendre davantage sur cette pretention. C'est l'avoir détruite que de l'avoir exposée, & l'on va seulement répondre en peu de mots à ce qui pourroit paroistre de specieux dans ces deffenses si l'on estoit en pays de droit écrit, pour faire voir simplement que la verité trouve encore plus de raisons solides, de l'envie de soutenir une fausseté, que ne peut inspirer de subtilitez.

Ecrit pour Madame de Nemours.

QUATRIÉME QUESTION.

Si Madame de Nemours n'a pas esté veritablement instituée heritiere par le Testament de M. le Duc de Longueville son frere.

APRES avoir répondu aux objections qui ont esté faites par l'Auteur du Memoire contre les droits de Madame de Nemours, en qualité d'heritiere du Sang, il faut satisfaire à celles qui ont esté faites contre les droits qui regardent la qualité d'heritiere testamentaire du Duc de Longueville son frere. Ils sont d'autant plus faciles à établir, que la renonciation ne regardant que les successions *ab intestat*, quand elle seroit valable ne feroit aucun obstacle à la disposition de derniere volonté.

Le Testament n'est point contesté, Madame de Longueville en a fait l'ouverture, elle l'a déposé chez les Notaires & en a accepté l'execution : c'est un Testament d'ailleurs olographe, & ainsi qui n'est point sujet à toutes les formalitez prescrites par le Droit & par les Coustumes.

Il est vray que le Testateur qui n'estoit aagé que de vingt-trois ans & demi lors qu'il a fait son Testament, n'a pas pû disposer de ses propres, mais seulement de ses meubles & acquests dans la Coustume de Paris, & presque dans tous les Païs de Coûtume du Royaume.

REPONSE.

a Pourquoy alleguer le pays de droit écrit & les Loix Romaines, comme favorables aux Testamens, s'il s'agit seulement icy, comme on n'en disconvient pas, de pays de Coustume qui y sont contraires, & sur tout de la Coustume de Neuf-Chastel que les Princes jurent de garder, & qui se trouve tellement opposée aux Testamens qu'il y en a peu qui y subsistent. & qu'à l'égard de celuy-ci les Estats qui doivent sçavoir leurs Loix, ont declaré *qu'il n'y avoit aucune apparence que Monsieur de Longueville son frere ait eu intention de*

a Mais à l'égard des biens situez en païs de Droit écrit, qui ne connoist point cette distinction de biens, & qui est extrémement favorable aux Testateurs, le Duc de Longueville a pû disposer generalement de tous ses biens, la faculté y estant donnée de tester à l'aage de quatorze ans.

Et dans la Coustume particuliere des Souverainetez de

de Neuf-Chastel & Vallengin, dont est icy seulement question, à l'aage de dix-neuf ans; Mais le Duc de Longueville ayant esté declaré majeur dés l'année 1668. par la démission que luy fit l'Abbé d'Orleans son frere, en presence des Estats de Neuf-Chastel, des parts & portions qui luy appartenoient en ces Souverainetez; cela n'est pas susceptible d'aucune difficulté.

a Ainsi la validité de ce Testament n'estant pas contestée, il ne s'agit plus que d'en examiner la disposition; l'Auteur du Memoire dit qu'il a esté fait principalement en faveur de Madame de Longueville, il est vray que le Testateur en parle dans le commencement, mais ce n'est que pour luy donner des marques de tendresse & de respect, & non pas pour luy faire part aucune de sa liberalité, il ne laisse pas mesme à Madame sa mere [b] les biens qu'elle pretend luy appartenir en qualité d'heritiere mobiliaire de son fils, s'il n'y avoit point eu de Testament; & elle en est excluë, non seulement par l'institution universelle faite au profit de Ma-

l'instituer son heritiere dans le Testament qu'elle a produit, n'y ayant qu'une simple énonciation qui n'est accompagnée des formalitez requises pour une institution d'heritier. Et comment auroient-ils pû juger autrement si c'est un point inviolable de leur Coustume, comme il a déja esté dit, que pour exhereder ses heritiers, il faut expressément les nommer & leur donner quelque chose. Si cette formalité est essentielle pour l'exheredation, combien plus l'est-elle quand il s'agit d'une institution, qui outre l'institution contient encore une exheredation tacite. Ainsi Monsieur de Longueville n'estant point nommé dans le Testament de Monsieur son frere, ny il ne peut estre exheredé, ny Madame de Nemours instituée.

a Ce n'est pas la validité du Testament que l'on conteste, mais cette pretenduë institution de Madame de Nemours, qui seroit nulle dans la Coustume de Neuf-Chastel quand elle seroit formelle, par le seul defaut de n'avoir pas nommé specifiquement & exheredé Monsieur de Longueville, & de ne luy avoir rien donné suivant les points de Coustume qu'on a citez.

b Il est certain que feu Monsieur de Longueville n'a pas mesme laissé à Madame sa mere ce qui luy appartenoit en qualité de son heritiere mobiliaire. Et il se trouve par là que si l'Auteur des *Deffenses* avoit raison, non seulement M. de Longueville n'auroit pas fait dans ce Testament ce qu'il vouloit faire, mais mesmes qu'il auroit fait ce qu'il ne vouloit point, il vouloit marquer sa tendresse à Madame sa mere comme il le dit d'abord, & il luy oste tout ce qu'elle avoit à pretendre. Il ne luy paroist nulle intention de rien faire pour Madame de Nemours, & on veut qu'il ait tout fait pour elle en l'instituant son heritiere. En verité c'est bien assez que faute de conseil il ait manqué à ce qu'il vouloit faire formellement, sans luy attribuer d'avoir fait ce qu'il ne vouloit point, & ce que toutes sortes de Loix l'empeschoient & de vouloir, & de faire quand il l'auroit voulu.

c On convient que la premiere partie du Testament en fait connoistre l'esprit, mais c'est en marquant precisément deux motifs dans la volonté du Testateur, qui regardent l'un Madame sa mere, l'autre ses domestiques. Et s'il s'est trouvé que Monsieur de Longueville n'a fait que payer à Madame sa mere ce qu'il luy devoit, & qu'on en puisse conclure qu'il a donc fait Madame de Nemours son heritiere, il n'y a plus de consequence qu'on ne puisse tirer de tout ce qu'on voudra.

dame de Nemours: mais encore par la premiere clause du Testament qui ne donne les biens à Madame de Longueville que jusques à la concurrence des sommes ou elle a bien voulu s'engager avec le Testateur; ainsi tout ce qu'il luy donne en effet n'est que la seureté d'un dédommagement qu'il luy devoit.

c Cette premiere partie du Testament en fait assez connoistre l'esprit qui regne depuis le commencement jusqu'à la fin: car ce ne peut estre que par rapport à l'institution universelle faite au profit de Nemours, que le deffunt a reduit Madame sa mere au payement de ce qui luy estoit deub. *

Il y a donc lieu de s'étonner de ce que l'Autheur du Memoire soutient que ce Testament a esté principalement fait pour Madame de Longueville, que ses dispositions sont en sa faveur, & qu'il ne contient pour Madame de Nemours que des complimens & des civilitez, il n'y a rien qui soit si directement opposé au jugement qu'on en doit faire.

La seconde partie de ce Testament contient plusieurs legs faits aux domestiques du Testateur.

b C'est-à-dire aprés avoir donné cinq cens mil livres à son fils, le Testateur qui se reconnoist obligé de pourvoir à son établissement, porte encore sa prévoyance plus loin, & pour procurer de l'appuy à cet enfant], aprés luy avoir assuré du bien, demande pour luy à Madame de Nemours son amitié & sa

b Dans la troisiéme, il fait une disposition considerable de la somme de cinq cens mil livres en faveur de son fils naturel, qui est suivie immediatement de l'institution de Madame de Nemours pour son heritiere, qui fait la derniere partie de ce Testa- *

ment, elle est conçuë en ces termes.

Estant obligé de pourvoir à l'establissement de mon fils naturel Charles Louys d'Orleans, je luy donne la somme de cinq cens mil livres à prendre sur tous mes meubles & effets mobiliers, mesme sur la part des immeubles, dont il m'est permis de disposer suivant la coutume des lieux. J'espere que Madame de Nemours ma sœur & mon heritiere ne desaprouvera pas cette disposition, & qu'au contraire elle voudra bien luy accorder son amitié & sa protection que je luy demande pour mon fils.

Il ne sera pas difficile de faire voir que c'est là une veritable institution, & de répondre à l'Auteur du memoire, qui l'attaque par deux argumens, dont le premier regarde l'ordre de l'Ecriture, & le lieu où cette disposition se trouve placée; l'autre est fondée sur les termes qu'il pretend n'estre pas suffisans pour une institution d'heritier.

* *a* Pour la premiere objection, elle surprendra tous ceux qui auront pris la lecture de ce Testament, & qui auront remarqué que sa disposition, comme il le recommandent en suite à Madame sa mere en des termes encore plus tendres: & il les prie également d'agreer cette disposition, parcequ'elle les regardoit également selon des cas differens, en ce qu'elle estoit principalement sur ses meubles qui regardoient madame sa mere si elle avoit à luy survivre, & madame de Nemours si elle les survivoit tous deux.

Au reste on ne voit pas pourquoy l'Auteur de ces *Deffenses* veut que ce compliment à madame de Nemours soit la derniere partie du Testament, comme si ce qui regarde madame de Longueville & dans le mesme sujet & dans des termes encore plus precis n'en estoit point: ny pourquoy feu monsieur de Longueville auroit choisi cet endroit pour placer la pretenduë institution de madame de Nemours, qui estoit une chose assez grande pour occuper plus de place dans son testament & dans son esprit, puisqu'il s'agissoit d'une Souveraineté, & d'une Souveraineté dont il ne pouvoit disposer: ny enfin pourquoy la forte pensée qu'il avoit alors pour son fils, se seroit tout d'un coup trouvé suspenduë par celle de cette institution pour revenir en suite aussi vive qu'auparavant, & porter le Testateur jusques au moindre détail de ce qu'il vouloit qu'on fist pour cet enfant. Jamais mot n'auroit signifié tant de choses que celuy-là, ny une si grande idée tenu si peu de place: & l'on ne voit d'autre moyen pour appuyer cette institution que de pretendre qu'elle s'est faite par hazard.

a Il s'en faudroit bien que le legs fait au fils naturel ne fust la plus considerable disposition du Testament, si Madame de Nemours y estoit instituée heritiere. Et ainsi selon que parle l'Auteur des *Deffenses*, il auroit fallu que

Monsieur de Longueville redoublast encore cette force volonté pour cette institution, & qu'il cherchast des termes encore plus pressans pour l'appuyer. Et il se trouve au lieu de cela, qu'aprés ce legs de cinq cens mil livres, ces efforts tombent tout d'un coup, & se reduisent à un simple compliment & à une simple enonciation.

tion la plus considerable est le legs fait au fils naturel du Testeur, c'est en cet endroit qu'il donne plus de marque d'une forte volonté, & qu'il cherche des termes plus pressans pour la bien appuyer.

Si l'on compare ce legs à tous les autres, on ne doutera pas qu'il ne soit le principal, il n'a rien donné à Madame de Longueville sa mere, il n'y a que des recompenses pour ses domestiques, ainsi aprés l'institution d'heritier on doit regarder ce legs au profit du fils naturel, comme la partie la plus importante du Testament, & c'est-là que l'institution de Madame de Nemours est placée.

a Il est tout aussi aisé de dire que Monsieur de Longueville n'a eu Madame de Nemours dans la pensée que quand il n'a plus rien eu à donner, & qu'il ne s'agissoit que de procurer de l'apuy & de la protection à son fils.

a Ainsi il est constant que le Testateur l'a eu dans sa pensée dans l'endroit le plus considerable de tout l'ouvrage, & dans la disposition principale de ses biens, on ne doit donc pas douter que l'ordre de l'Ecriture ne soit tout-à-fait favorable à Madame de Nemours. *

b Si dans la regle generale de droit il est indifferent en quel lieu du Testament l'institution soit faite, cela n'empesche pas que ce ne soit le fondement & la base du Testament *Caput & fundamentum totius testamenti*, comme disent les loix, & qu'ainsi au lieu d'une énonciation incidente d'un mot dans une clause étrangere & longue où ce mot se trouve comme étouffé, il ne faille pour instituer un heritier une disposition claire, nette & precise, & comme parlent les Jurisconsultes, *testationem mentis, firmum animi judicium, voluntatis nostræ justam sententiam*. La raison en est, que s'il n'importe par la regle de droit quelle place l'institution tienne dans le Testament, il est de la regle generale de la nature qu'elle tien-

b Mais dans la regle generale de droit, il est indifferent en quel lieu du Testament l'institution soit faite, & dans l'usage familier à ceux du païs de droit écrit, l'institution est toujours la derniere partie du Testament, ce qui a mesme sa raison dans le droit, en ce que les legs particuliers estans des déductions à faire sur toute la masse des biens avant que d'en composer l'heredité, il est plus naturel d'écrire les choses de la mesme maniere qu'elles doivent estre executées, l'institution *

ſtitution d'heritier eſtant la diſpoſition du ſurplus des biens; c'eſt ainſi que l'on l'exprime ordinairement en païs de Droit écrit, & meſme pour les legs univerſels en païs coutumier.

le tienne la premiere dans la volonté & dans l'eſprit, parce que c'eſt ce qu'on veut principalement. Et cette indifference à l'égard de l'ordre de l'écriture, vient que de ce que quelque part que la marque de cette volonté ſoit placée, elle y porte le caractere du rang qu'elle tient dans la volonté. Elle peut eſtre la derniere en ordre dans le diſcours, & paroiſtre neanmoins auſſi viſiblement avoir eſté dominante dans l'eſprit, que ſi elle eſtoit la premiere & meſme la ſeule. Monſieur de Longueville ne ſçavoit point toutes ces loix, ny s'il falloit deduire les legs ſur toute la maſſe du bien pour en compoſer l'heredité, ny tout le reſte. Mais il ſçavoit bien ou plûtoſt il eſtoit en luy par la nature, comme dans tous les hommes, de penſer les choſes comme elles eſtoient, & de les exprimer comme il les penſoit. Et s'il eſt naturel d'écrire les choſes comme elles doivent eſtre executées, il l'eſt encore plus, & ſur tout quand on a l'eſprit qu'avoit feu Monſieur de Longueville de les écrire ſelon qu'elles ſont, & ſelon qu'on veut qu'elles ſoient entenduës.

C'eſt abuſer des Loix que de pretendre qu'elles puiſſent ſervir à découvrir les volontez des hommes. Leur but eſt de les autoriſer quand elles ſont juſtes & de les reprimer quand elles ne le ſont pas, mais jamais il ne s'en faut ſervir pour impoſer ny aux vivans ny aux morts. La nature a ſes Loix & bien plus ſeures qui apprennent à tous les hommes à faire ſçavoir ce qu'ils ont dans l'eſprit, & à découvrir ce que les autres y ont, quand ils le veulent marquer, & ſouvent meſmes quand ils ſe veulent cacher.

* Quand à la ſeconde objection qui regarde les termes que l'Auteur du Memoire ne trouve pas aſſez clairs, il y a longtemps que l'on ne s'attache plus aux formalitez ſcrupuleuſes de l'ancien Droit Romain, & qu'on donne la liberté aux Teſtateurs d'inſtituer des heritiers par toutes ſortes d'expreſſions, pourveu qu'elles ſoient capables de témoigner leur volonté, la Conſtitution de l'Empereur Conſtantin & pluſieurs autres Loix, établiſſent pour principe qu'on doit toûjours ſup-

Il ne ſert de rien qu'on ait retranché les formalitez qui eſtoient neceſſaires dans les Teſtamens : car il s'agit icy d'un deffaut bien plus eſſentiel que celuy d'une ſimple formalité, puis qu'il eſt queſtion du deffaut de la volonté, qu'il eſt viſible que Monſieur de Longueville n'a point euë. Si Conſtantin veut qu'on ſupplée au deffaut de l'écriture, il ne pretend point qu'on ſupplée au deffaut de volonté. Il veut au contraire que l'expreſſion du Teſtateur ſoit capable de témoigner ſa volonté, & comment voudroit-on que feu Monſieur de Longueville euſt marqué cette volonté par ſon expreſſion, s'il ne s'eſt ſervi d'aucunes de celles qui y eſtoient propres & qui luy auroient ſi peu coûté à trouver, & ſi celle dont il ſe ſert peut recevoir tant d'autres sens differens; Car ne pourroit-il pas appeller Madame de Nemours son *heritiere*, parce qu'elle l'estoit en effet pour les biens qu'elle s'estoit reservez, ou parce que Monsieur de Longueville d'aujourd'huy ne pouvant avoir d'enfans elle est heritiere de la maison si elle luy survit.

b Pour détruire les subtilitez tirées de cette Loy; il n'y a premierement qu'à dire qu'il ne s'agit pas icy du Droit écrit, mais de Coustumes, qui sont des Loix populaires & qui veulent quelque chose de plus palpable & de plus materiel. Mais en second lieu c'est qu'il s'agissoit dans l'espece de cette Loy d'une institution d'heritier que le Testateur avoit eu constamment dessein de faire: & le doute ne regardoit que la maniere dont il l'avoit faite, & de sçavoir si ces deux mots, *Ticius heres* suffisoient, au lieu qu'il y falloit encore ces deux autres *mihi esto*. Le Jurisconsulte resout là dessus, non pas que le Testateur avoit voulu instituer, mais qu'il avoit institué valablement, parce que *plus nuncupatum minus scriptum*. Il estoit certain que la volonté du Testateur avoit esté de faire *Lucius* son heritier, & ainsi on pouvoit aisément suppléer ces deux mots obmis.

Mais s'il n'eût point paru manifestement que ç'avoit esté l'intention du Testateur, ces deux mots *Ticius heres*, n'auroient pas esté suffisans pour une institution, & c'est le sentiment de Cujas dans la Glose de cette mesme Loy, où il dit; *Quod utique ita procedit, si scriptum dicto, idest, ei quod subauditur, quod dictum intelligitur, quod repetitur* ἀπὸ κοινοῦ *congruat atque conveniat*. C'est-à-dire que selon ce Jurisconsulte, cela n'a lieu que lors que les termes de l'institution, quoy que defectueux, sont appuyez de l'intention pléer au deffaut de l'ecriture & à l'imperfection des termes; *l. quoniam C. de testamentis*, il y a beaucoup d'exemples qui ont grand rapport à l'espece presente.

i Si au lieu de dire que Titius soit mon heritier, on se contente de dire que Titius soit heritier; si mesme par une façon de parler plus obscure, on dit seulement Titius heritier; les Loix decident que c'est une institution parfaite, elles se contentent de ces deux mots, dont l'un exprime l'intention du Testateur de se faire un heritier, & l'autre designe la personne qu'il a choisie. *l. 1. par. 5. de haeredibus instituendis*. Duarenus sur cette Loy ajoûte, *quod dicimus de nomine est intelligendum de demonstratione qua facta sit eo signo & nota qua vice nominis fungatur*: & il cite la Loy *certam C. de reb. credit.* & les Loix *quoties & nemo de har. inst.*

On a mesme voulu que le seul nom de l'heritier escrit dans le Testament sans aucun discours suffit pour l'institution, parce qu'il paroissoit que l'imperfection n'estoit que dans l'écriture & non pas dans la volonté.

Cette disposition est conforme au sentiment du grand

Jurisconsulte ; qui dit que quand un homme appelle un autre son heritier, il est censé l'instituer. *d. quando quis aliquem suum heredem appellat, videtur in eum suum judicium inferre, & eum heredem facere*, *bart. ad leg. pactum par. fin. de pact.*

marquée du Testateur, qui est supposé en avoir plus dicté qu'il n'a esté écrit, ce qu'on suppose aisément parce qu'on voit qu'il en a plus pensé. Mais on ne suppose jamais qu'un homme ait dicté ce qu'il n'a point pensé.

Cujas confirme encore cette interpretation par deux Loix formelles & decisives, la premiere est la Loy, *Vnum ex familia*, au §. *si omissa de legat.* 2. dont voici les termes, *Si omissa fideicommissi verba sint & cetera qua leguntur cum his qua scribi debuerant congruant, recte dictum & minus scriptum exemplo institutionis legatorumque intelligitur.* On ne s'avise point de suppléer à l'expression d'un Testateur, quand il ne paroist rien de sa volonté : cela est bon, quand par le reste de l'acte cette volonté est claire & évidente, quand ce reste s'accorde avec ce qu'on pretend suppléer, & qu'il demande mesme ce supplément. La deuxiéme Loy rapportée par Cujas est du mesme titre au §. *cum imperfecta*, c'est la mesme decision & sur les mesmes principes. *Cum imperfecta scriptura invenitur, ita demum legati vel fideicommissi, quod pracedit vel sequitur, ad communionem adsumitur si dicto scriptum congruat.*

Il est donc certain que mesme selon le Droit écrit on ne supplée point aux termes d'un Testament, que la volonté du Testateur ne soit claire & certaine par tout ce qui precede & qui suit l'expression defectueuse. Et comme les Testamens y estoient favorables, qu'on ne s'estudioit qu'à trouver les moyens de les faire subsister, qu'on supposoit aisément cette volonté d'instituer dans les Testateurs, & qu'avec tout cela on y regardoit de si prés, qu'elle application en peut-on faire aux païs de Coustume, si contraire aux Testamens qu'il y seroit beaucoup plus naturel d'expliquer les termes contre l'institution d'heritier, pour peu qu'il y eust dequoy la mettre en doute que de supposer une volonté dans le Testateur dont il ne paroist rien, & mesme dont il paroist le contraire comme dans le Testament dont il est question.

* Dans le Testament dont il s'agit, il n'y a point d'imperfection dans le discours, *I'espere que Madame la Duchesse de Nemours ma sœur & mon heritiere ne desapprouvera pas*, *&c.* manque-t-il à cela quelque chose pour rendre la volonté du Testateur claire & intelligible ; cette façon de parler n'est-elle pas correcte & n'a-elle pas un sens complet ;

a Il ne faudroit pas entendre le François pour trouver cette façon de parler incomplete, defectueuse, & n'expliquant pas nettement la volonté du Testateur, tant qu'on n'en estendra la signification qu'à l'esperance, que Madame de Nemours *ne desapprovera pas.* Elle est dans ces bornes là infiniment plus intelligible que ces deux mots *Titius heres*, si on les avoit trouvez sur un fragment d'inscription. Mais ces deux mesmes mots dans un Testament ou le reste marquant la volonté du Testateur ils en designent le nom, sont aussi clairs qu'une chose le peut estre: au lieu qu'il n'y a rien de si obscur pour marquer une institution d'heritier que cette autre expression dans un Testament, où il est clair que le Testateur n'a point voulu se faire un heritier. Enfin c'est parce que cette expression est complete qu'on n'en sçauroit rien tirer pour Madame de Nemours. Quand on y suppléeroit les mots *qui est* pour faire, *Je supplie Madame de Nemours qui est mon heritiere*, l'expression ne seroit que telle quelle est, parce que ce ne seroit rien suppléer proprement; ces deux mots estant toûjours sous-entendus dans toutes les propositions de cette espece. L'usage les a retranchez du langage des hommes, & les supposer dans une expression, ce n'est rien ajoûter ny à l'expression ny à la pensée de celuy qui parle: Monsieur de Longueville en parlant ainsi n'auroit pas fait Madame de Nemours son heritiere, non plus qu'en disant *qui est ma sœur*, il ne l'auroit pas fait sa sœur.

Il faudroit donc suppléer d'autres mots à cette clause du Testament, & y adjoûter par exemple, *que je fais*, en disant, *Madame de Nemours que je fais mon heritiere*. Mais ce ne seroit plus suppléer à l'expression, ce seroit suppléer à la pensée, ce seroit suppléer une volonté dans le Testateur. Car l'expression ne contient point ces mots par elle-mesme, & ils n'ont point esté dans son esprit s'il n'a eu cette volonté; & ainsi pour estre en Droit de les suppléer il faut avoir prouvé qu'il ait eu cette volonté. Et par consequent il faut que l'Auteur des *Deffenses* trouve par quelqu'autre endroit du Testament, que ç'a esté là l'intention de Monsieur de Longueville avant qu'il puisse rien conclure du seul endroit où il parle de Madame de Nemours.

n'est-elle pas infiniment plus reguliere que ces deux mots rapportez par la Loy *Titius heritier*, qui n'ayans aucune liaison entr'eux, semblent ne signifier rien & qui n'ont en effet aucune construction parfaite; en tout autre Acte ces mots *Titius heritier*, ne s'entendroient point, & cependant en matiere de Testamens, ils sont suffisans pour l'institution d'heritier, on s'en contente pour conjecturer & presque pour deviner l'intention du Testateur.

L'Auteur du Memoire auroit bien de la peine à trouver le moindre deffault de cette nature dans l'institution dont il s'agit, & l'on ne voit pas qu'il puisse former aucune autre difficulté dans son esprit, sinon que le Testateur en declarant Madame de Nemours sa sœur & son heritiere, n'a pas usé de ces termes imperatifs observez dans l'ancien Droit Romain, *Je veux qu'elle soit mon heritiere*; c'est là tout ce que la plus subtile critique peut trouver à redire dans les termes de cette institution.

Mais outre qu'il a esté remarqué que ces formalitez avoient esté retranchées par la Constitution Imperiale, & que l'opinion de tous les Jurisconsultes y est formelle, c'est

que

que dans une matiere où la volonté du Teſtateur doit decider, & où il ne s'agit que de la connoiſtre, on ne peut douter qu'il ne l'ait euë conforme à ſa penſée & à ſon diſcours.

* Il regarde Madame de Nemours comme ſon heritiere, eſt-ce par une pure ſpeculation? Eſt-ce une fauſſe figure que le jeu de ſon imagination luy donne, ou ſi c'eſt une veritable qualité que ſa volonté luy attribuë? Il ne faut point douter (& les Loix n'en doutent pas en effet) que dans une choſe qui dépend toute du Teſtateur, ce qu'il a dit ne ſoit une veritable diſpoſition, & qu'il ne ſe ſoit fait une heritiere en la nommant, ſi l'on ne veut dire qu'il n'a pas ſceu luy-meſme ce qu'il vouloit, & qu'il s'eſt trompé dans la plus importante diſpoſition de ſon Teſtament.

* On ne doit pas ſeulement ſuppleer à l'imperfection du diſcours, mais il faut ſouvent ſuppleer au defaut de l'inſtitution toute entiere & la preſumer, quand le Teſtament n'en contient pas un ſeul mot; ce qui fait dire aux Docteurs qu'il y a de deux ſortes d'inſtitutions, l'une expreſſe & l'autre tacite. Il y en a dans le droit des exemples remarquables, le Teſtateur ayant dit en la Loy 82. *De hæredibus inſt. Si*

On ne penſe guere à faire de fauſſes figures ny à ſe joüer dans un Teſtament. C'eſt l'acte le plus ſerieux de la vie, puiſqu'il ne ſe fait qu'en enviſageant la fin de la vie. Ainſi ce n'eſt pour rien de tout cela que Monſieur de Longueville a appellé Madame de Nemours ſon heritiere. C'eſt parce qu'il eſtoit tres-naturel à un homme qui ſe regarde comme n'eſtant plus, de luy donner ce nom, puiſqu'elle eſtoit ſa ſœur & ſon heritiere en effet des biens qu'elle s'eſtoit reſervez en renonçant. Ce mot n'ajoute rien à ce qu'elle eſtoit, il declare ſeulement ce qu'elle eſtoit, & ce qu'elle n'auroit pas laiſſé d'eſtre quãd il ne l'auroit pas declaré. Mais ce qu'il y a de certain, c'eſt que comme on ne ſe joüe point dans un Teſtament, on n'y fait point auſſi des énigmes de propos deliberé, & l'on n'y donne point le bien d'autruy, comme feu Monſieur de Longueville auroit donné celuy de Monſieur ſon frere.

Voila prendre bien du plaiſir à ſubtilizer inutilement; à quoy faire s'aller là s'imaginer des inſtitutions tacites, quand il s'agit d'heritiers qui le ſont par la nature, à moins qu'on n'en inſtituë d'autres. Il n'eſt point beſoin d'inſtitution pour l'heritier naturel, & s'il eſt eſſentiel qu'il y ait là une inſtitution, il n'y a qu'à dire qu'elle n'eſt ny ſuppoſée ny tacite, mais qu'elle eſt tres-expreſſe & faite par la nature meſme. En verité, ſi l'inſtitution de Madame de Nemours ne peut ſubſiſter que par ces ſortes de ſubtilitez, il auroit eſté beaucoup mieux de ſe paſſer d'en parler; de n'y pretendre non plus à Neufchaſtel qu'au Par-

mon heritier ab intestat *n'accepte pas ma succession, j'institue un tel pour mon heritier*; Cette derniere institution est une veritable substitution, & c'est une maxime constante que la substitution ne peut avoir de lieu s'il n'y a une institution qui la precede, la substitution estant un second degré d'institution. Il faut donc qu'il y ait un premier degré, c'est à-dire une premiere institution qui en soit la base & le fondement. Or dans l'espece proposée par la Loy, il n'y a point de premiere institution, il n'y a que la seconde qui est faite, au cas que l'heritier du Sang ne veüille pas accepter la succession, & neanmoins elle juge que quand le Testateur a parlé de l'heritier du Sang comme de celuy qui luy devoit succeder, ou renoncer à sa succession; il a voulu que cette mesme succession luy fust deferée, & cette volonté est une institution tacite, le Testament ne parle de cet heritier qu'en passant & par occasion, il n'en parle mesme qu'en prevoyant qu'il ne sera pas heritier, & qu'il renoncera à la succession, & cependant il faut presumer que la volonté du Testateur a esté de l'instituer; & sur ce fondement la substitution est valable.

La mesme chose est decidée dans une autre loy, dont l'espece est que le Testateur avoit dit; *Si mon fils meurt avant moy, mon petit fils sera mon heritier*. Car encore qu'il ne soit parlé du fils qu'en passant & par forme de condition, neanmoins il est consideré comme tacitement institué, à cause de la volonté du Testateur, qu'on ne laisse pas de découvrir, quoiqu'elle ne soit pas nettement expliquée. *l. 37. de hæred. inst.*

Il y a donc des institutions tacites, & l'on voit par l'espece qui vient d'estre proposée, qu'elles ont lieu principalement quand elles se trouvent necessaires pour faire subsister d'autres dispositions. C'est ce que je rencontre dans le Testament dont est question; & *a* l'on peut dire que sans l'institution faite au profit de Madame de Nemours les legs faits par le Testateur, & par-

lement, & de ne point renouveller une pretention si justement condamnée.

a On le peut dire en effet, parcequ'on peut tout dire, mais la difficulté est de le dire avec raison, & c'est ce qu'on ne trouvera pas icy. Car surquoy l'Auteur des *Deffenses* fondera-t il cette pretenduë necessité qu'il y ait un heritier institué pour faire subsister les legs, il semble en verité que cette affaire ait esté tout d'un coup transportée avec ceux qui la traittent, & ceux devant qui elle se traitte en quelque païs inconnu où il n'y eut ny loix ny exemples à suivre. * Ne fait-on pas tous les jours des legs par des Codiciles, & ne sont-ils pas payez par l'heritier naturel & *ab inte-*

ticulierement celuy de cinq cens mil livres au profit de son fils naturel pourroient demeurer sans effet.

Il est certain que si les biens de la succession dont il pouvoit disposer dans les païs de Coutume, qui ne consistent qu'aux effets mobiliers seulement, n'estoient pas suffisans pour acquitter les debtes & payer les legs, il falloit necessairement que le Testateur disposast des biens du pays de droit écrit pour satisfaire à son intention; & en effet il s'en est expliqué, puisqu'en declarant par son Testament qu'il entendoit que ses legs fussent acquittez, il a parlé d'immeubles aussi bien que de meubles.

Or on ne peut toucher aux immeubles qui sont situez dans les païs de droit écrit que par un Testament qui soit conforme à la disposition de la Loy qui desire indispensablement une institution d'heritier, ce qui fait connoistre que ce n'est pas un simple compliment que l'institution de Madame de Nemours, mais une chose tres-serieuse, *a* bien concertée, & qui marque que feu Monsieur de Longueville a fait Testament par l'avis d'un Conseil éclairé & bien instruit dans les maximes de droit.

De dire qu'il a consideré & nommé Madame de Nemours son heritiere, parce qu'elle la pouvoit devenir par la mort de l'Abbé d'Orleans son frere,

stat? & si les meubles ne suffisent pas pour les acquitter, ne les prend-on pas sur les immeubles, selon que le Testateur a pû les en charger par les Coutumes? cela ne se fait-il pas beaucoup plus souvent par des Codiciles que par des Testamens dans les païs de Coutume, où les Testamens ne sont proprement, comme il a esté dit, que de simples Codiciles, & l'Etat de Neuf chastel n'est-il pas païs de Coutume quelque affectation qu'ait l'Auteur de ces *deffenses* d'insinuer sans cesse qu'il se regit par le droit écrit sans pourtant l'oser dire?

a Il ne manquoit plus que de trouver ce Testament *bien concerté & fait par l'avis d'un bon conseil.* Monsieur de Longueville y veut marquer sa tendresse à Madame sa mere, & il luy oste tout. Il veut faire Madame de Nemours son heritiere, si l'on en croit l'Auteur des *deffenses*, & il l'a si peu fait, que cet Auteur est obligé pour en trouver quelque trace de se donner la torture, de mettre en usage tout ce qu'on a jamais imaginé de plus subtil en ces matieres, & cela sans rien prouver. Si Monsieur de Longueville l'en eust consulté, on luy fait la justice de croire qu'il luy auroit conseillé de parler plus precisément, sur-tout rien ne l'obligeant de cacher cette pretendue volonté d'une maniere qu'on n'en sçauroit rien appercevoir, & qu'on ne sçauroit s'empescher de voir qu'il n'y a pas pensé. Seroit-il possible que M. de Longueville eust suivi si legerement un conseil si bizarre, & que pour le mettre en repos là-dessus, il n'auroit eu qu'à luy dire qu'il trouveroit en temps & lieu je ne sçay combien de loix qui rendroient ces enigmes plus clairs que le jour, & affureroient inconteftablement la Souveraineté à fon heritiere. Qu'il eft mal-aifé que ce difcours foit entierement fincere, & qu'il doit rendre tout le refte fufpect.

c'eft faire tort à la prudence du Teftateur, comme ce feroit une difpofition reprouvée par les loix, & qui contiendroit la penfée de la mort d'un homme vivant. Mais auroit-il pû donner raifonnablement à Madame de Nemours le titre d'heritiere dans la prevoyance d'une chofe fi incertaine, & qui feroit fi éloignée des termes de fa difpofition? Car l'heritier de l'Abbé d'Orleans n'eft point heritier du Duc de Longueville, & l'Abbé d'Orleans n'en peut avoir qu'aprés fon deceds.

Il faut donc demeurer d'accord que l'intention du Teftateur eft claire & bien expliquée, il faut fuivre les raifons & les autoritez qui la confirment, & reconnoiftre l'intention du deffunt, quand mefme il manqueroit quelque chofe à l'expreffion qu'il a faite dans fon Teftament plûtoft que de luy imputer des penfées auffi déraifonnables que celles qui font alleguées par l'Auteur du Memoire.

La parole eft le témoin de la volonté, mais ce n'eft pas toujours elle qui l'explique le mieux, & qui en donne une plus parfaite connoiffance; il y a quelque chofe de plus fort dans les effets, & la lumiere qu'on en tire eft toujours la plus certaine. Ainfi l'on peut dire que de toutes les façons d'inftituer un heritier, la plus parfaite n'eft pas de le nommer, mais de luy en donner les droits, ou de luy en impofer les charges.

C'eft ce qu'a fait le Teftateur qui ne s'eft pas contenté de donner à Madame de Nemours la qualité de fon heritiere, mais qui a efté jufqu'à marquer ce qu'elle devoit faire en cette qualité, en la chargeant du legs de cinq cens mil livres qu'il avoit fait à fon fils naturel.

a Tout cela n'eft proprement qu'une petition de principes fi Madame de Nemours eft inftituée heritiere, elle eft chargée de legs par ces termes du Teftament, *Ne defapprouvera pas*. Et fi elle n'eft point heritiere, elle n'en eft point chargée, mais feulement priée de ne pas defagreer la difpofition. On peut conclurre l'un de l'autre, mais non pas

a C'eft une chofe effentielle aux legs que de devoir eftre payez par l'heritier, d'où l'on peut conclurre que celuy qui en eft chargé a neceffairement la qualité d'heritier; l'inftitution de Madame de Nemours eft en ces termes. Car en même

temps

temps qu'elle est nommée heritiere; elle est priée de ne pas desapprouver la disposition du deffunt, & d'accorder au contraire sa protection & son amitié à son fils naturel. *Legatum donatio ab hærede præstanda.*

Prier un heritier de ne pas desapprouver un legs, c'est l'engager à l'accomplir, parce que en termes de droit les prieres sont des ordonnances

prouver l'un par l'autre. Madame de Longueville est aussi priée de ne pas desagréer cette disposition, en conclura-t-on qu'elle est heritiere, c'est que les meubles regardoient Madame de Longueville ou Madame de Nemours, selon deux cas differens, comme il a esté dit; & cette disposition estant principalement sur les meubles, Monsieur de Longueville en a voulu faire un compliment à l'une & à l'autre; ainsi toutes ces Loix alleguées sont autant de perdu.

de derniere volonté, quoy que la disposition soit écrite en des termes plus honnestes, la volonté n'en est pas moins effective, & c'est la volonté qui fait le Testament. Il n'y a donc pas moins de necessité quand le Testateur prie que quand il ordonne, parce qu'en ces deux cas il desire également, & que le desir d'un deffunt suffit pour obliger son heritier; la Loy luy rendant toute la force que les termes sembloient luy avoir ostée.

Il n'y a rien de plus commun que ces maximes; & nous voyons mesme que les dispositiõs particulieres des Testamens se faisoient en priant l'heritier de les accomplir, mais il s'en trouve dans les textes de Droit, qui semblent par leurs termes n'imposer aucune necessité, & qui pourtant ne laissent pas d'obliger les heritiers.

Le Testateur aprés avoir institué sa femme ajoûte: *Je ne doute point qu'elle ne rende à ses enfans tout ce qu'elle recevra de ma succession.* Cela doit passer, dit la Loy, pour un veritable *fideicommis. l. 67. §. fin. de leg. 2.*

La mesme chose est decidée dans des cas où le Testateur avoit dit: *Je crois ou j'espere que mon heritier donnera, je souhaitte qu'il donne. l. 69. de leg. 2.*

Et quand mesme le Testateur aprés avoir fait un legs y auroit mis cette condition: *Si mon heritier trouve à propos, s'il croit que ce soit une chose juste, s'il croit que cela luy soit utile:* tous ces termes ne diminuent pas la force du legs. L'heritier peut estre contraint d'en faire la délivrance, & l'on juge que sa volonté ne doit point estre au dessus de celle du Testateur, quoy qu'il semble l'y avoir soumise, ce qui ne doit passer que pour une civilité. *l. 75. de legat. 2. l. 11. §. 7. de l. 3.*

Un Testateur ayant dit (*l. 39. de leg.*) *Je sçai que tout ce que je vous laisse reviendra à mes enfans, parce que je suis bien persuadé de l'affection que vous avez pour eux*, la Loy dit que c'est un veritable *fideicommis*; & qu'il ne faut pas s'arrester aux paroles qui semblent y resister, mais à la volonté du Testateur.

Pour appliquer toutes ces dispositions de Droit au Testament de Charles Paris d'Orleans, quand il dit, *I'espere que Madame la Duchesse de Nemours ma sœur & mon heritiere ne desapprouvera pas cette disposition*, & qu'en mesme temps il luy a demandé *son amitié & sa protection pour son fils*, c'est la mesme chose que s'il avoit dit: *Ie veux que Madame de Nemours approuve*, c'est-à-dire, *execute cette disposition, qu'elle fasse la délivrance de ce legs en qualité d'heritiere*, puisque necessairement le *fideicommis* emporte cette qualité.

Monsieur de Longueville a donc institué Madame de Nemours, & en luy donnant le nom d'heritiere, & en luy faisant faire en mesme temps la fonction d'heritiere; & on ne peut pas concevoir par qu'elle autre raison il luy auroit demandé son approbation.

a L'Auteur des *Deffenses* fait justice à feu Monsieur de Longueville, quand il dit qu'il avoit Monsieur son frere devant les yeux, comme son frere & son bien-faicteur, mais il luy fait tort de croire qu'il eut en mesme temps des sentimens si inhumains & si injustes pour ce bienfaicteur; & qu'il fut capable d'une si grande ingratitude que celle de luy vouloir oster ce qu'il ne tenoit que de luy, & de la pousser jusqu'à le vouloir, contre l'engagement exprés où il s'estoit mis en acceptant la donation: c'est-à-dire jusqu'à le vouloir, sçachant bien qu'il ne le pouvoit; comme par un dessein formel de luy témoigner une mauvaise intention sans aucun effet. C'est de cet oubli de Monsieur de Longueville qu'il faut conclure au contraire qu'il n'a pensé, comme il le dit, qu'à quelques dispositions pour ses domestiques & à l'établissement de son fils, & point du tout à l'instituer son heritier universel.

Voici donc à quoy se termine cette Question, Monsieur de Longueville

a Le Testateur avoit un frere aisné aussi bien qu'une sœur, & cependant il n'en fait aucune mention dans son Testament, il est impossible qu'il ne l'eust devant les yeux, & comme son frere, & comme son bienfaicteur, mais le voyant dans la derniere disgrace, retranché de la societé civile par l'interdiction & par l'imbecillité, il n'a plus trouvé en luy que la cause d'une douleur tres-funeste, un sujet incapable de recevoir des marques de son affection & de sa reconnoissance. Ainsi il a fait en ce rencontre ce que la prudence luy pouvoit conseiller. Il n'a fait aucune mention de celuy à qui on ne peut plus donner que des regrets; & se reglant par l'ordre de la nature, il a tourné toutes ses pensées du costé de Madame de Nemours, qui seule est capable de soutenir la grandeur de la maison dans ce qui en reste aprés que le nom en est perdu.

Pour reduire cette preuve tirée de toutes les maximes incontestables de Droit, on doit conclure que l'institution universelle faite en faveur de Madame de Nemours est claire & en termes formels. Mais quand il manqueroit quelque chose à l'expression (ce qui n'est pas) elle n'en seroit pas moins valable, la volõté du Testateur y estant suffisamment expliquée. Elle est necessaire pour faire valoir les dispositions du deffunt qui ne pouvoient pas s'étendre sur les biens du païs de Droit écrit s'il n'y avoit une institution d'heritier. Elle est à titre onereux de *fideicommis*, dont on ne peut estre chargé par la mesme disposition de Droit sans la qualité d'heritier qu'il faudroit mesme suppléer quãd elle ne seroit pas écrite. Et enfin cette institution est raisonnable & conforme d'une necessité de consequence à l'intention du Testateur par l'estat de la Maison de Longueville, qui est reduite presentement à la seule personne de Madame de Nemours, n'a point institué Madame de Nemours son heritiere, & il n'y a point de Loix qui puissent prouver qu'il l'ait voulu, ç'auroit esté à luy à le marquer & il n'y auroit pas manqué.

Quand il auroit esté capable d'une pensée si déraisonnable il se rencontreroit par bonheur que la maniere dont il l'auroit marquée, la rendroit inutile à Madame de Nemours, puisqu'elle seroit destituée des formalitez necessaires aux païs de Coutumes, comme les Estats l'ont souverainement decidé.

Quand on pourroit faire passer cette pretenduë institution pour formelle en renversant toutes les Loix de la justice & de la raison, elle ne serviroit encore de rien à Madame de Nemours, puisqu'il y auroit un deffaut essentiel dans la Coutume de Neuf-Chastel, ou tout Testateur doit nommer expressément ses heritiers, & leur donner quelque chose suivant les points de Coutume qu'on a déja citez : ce qui non seulement a lieu en ligne directe, mais encore en collaterale, cette Coutume en particulier estant si contraire aux Testamens & si favorable aux heritiers naturels qu'elle oblige mesme à exhereder expressément en ligne collaterale ce que feu Monsieur de Longueville n'a point fait quand il en auroit eu le dessein.

Quand feu Monsieur de Longueville auroit satisfait en tout aux formalitez de cette Coutume, quel avantage en pourroit encore tirer Madame de Nemours, puisque la clause de retour & l'indivisibilité de la Souveraineté ou les filles n'ont rien tant qu'il y a des mâles aneantiroient cette institution de plein droit : & si l'Auteur de ces *Deffenses* a pretendu qu'une fille ne pouvoit renoncer à une Souveraineté sans le consentement des Estats, comment voudroit-il que sans le consentement des Estats de Neuf-Chastel feu Monsieur de Longueville eust pû faire passer cette Souveraineté à Madame sa sœur, au prejudice & de la clause de retour & de la Coustume du païs qui la donnent à son aisné, & contre l'interest qu'ont les Estats de maintenir la Loy fondamentale de l'indivisibilité.

Enfin quand cette pretenduë institution seroit telle qu'on se la pourroit imaginer, & qu'il n'y auroit de deffaut ny dans les formes ny dans le fonds, Madame de Nemours ne sçauroit s'en prevaloir pour le Comté de Neuf-Chastel, & les Estats n'auroient pû juger en sa faveur, puisque son Procureur n'en demanda pas l'investiture dans le jour fatal de la Coustume, quoy que les Estats luy eussent declaré qu'il le devoit faire, & qu'autrement il en seroit décheu, suivant l'attestation de la Coustume du 5. Octobre 1666. Car c'est une formalité si essentielle & si exactement observée de tout temps que la Reine d'Ecosse en 1552. fut deboutée de ses pretentions pour n'avoir pas donné à son envoyé une Procuration suffisante & conforme à ce point capital.

Que l'Avocat de Madame de Nemours reconnoisse donc qu'il n'y avoit point de Question plus inutile à traitter que celle-cy, comme on reconnoist en sa faveur que s'il n'a pû trouver d'institution dans ce Testament, ce n'est que parce que l'esprit ny l'addresse ne servent de rien pour trouver ce qui n'est point.

Cette institution d'heritiere ainsi établie, il est constant que le Duc de Longueville est mort en possession des Souverainetez de Neuf-Chastel & Vallengin, & qu'elles luy appartenoient tant de son chef que par la donation de l'Abbé d'Orleans son frere, comme il a esté justifié dans les Questions precedentes. Il en a donc pû disposer, & en effet il en a disposé en faveur de Madame de Nemours, & quand la qualité d'heritiere du Sang ne luy donneroit aucun droit; celuy qui luy est deferé par le Testament de son frere, seroit sans difficulté. Il ne reste plus qu'à répondre à la condition de retour apposée dans la donation faite par l'Abbé d'Orleans, de ce qui luy appartenoit dans les Souverainetez de Neuf-Chastel & Vallengin. C'est ce qui s'examinera dans la Question suivante.

REPONSE A UN ECRIT INTITULE'

Deffenses des droits de Madame de Nemours pour les Souverainetez de Neuf-Chastel & de Vallengin.

SEPTIE'ME PARTIE.

Contenant la réponse à la cinquiesme question sur la clause de retour stipulée par la donation de M. de Longueville.

Ecrit pour Madame de Nemours.

SEPTIE'ME QUESTION.

Si la reversion stipulée par la donation faite à Charles Paris d'Orleans Duc de Longueville peut servir à Jean Louis Abbé d'Orleans, son frere.

MAdame de Nemours s'est déja assez expliquée pour faire connoistre que c'est avec beaucoup de douleur qu'elle est obligée de parler de la disgrace d'un frere qui luy a toûjours esté si cher, & quelque chose qu'on veüil-le dire de la conduite qu'elle tient à son égard, elle a luy a * donné assez de marques d'une affection singuliere pour estre exempte de toute sorte de reproches; mais puisqu'il se trouve malheureusement dans un estat si contraire à tout ce qu'elle pourroit desirer pour son avantage, il est juste qu'elle se préfere elle-mesme à des Estrangers qui se servent de son nom.

Elle soutient b donc que la * condition de retour apposée à la donation que l'Abbé d'Orleans a faite en faveur de son frere des Souverainetez de Neuf-Chastel & Vallengin est devenuë caduque par son incapacité, & que se trouvant actuellement aliené d'esprit & interdit lors de l'escheance de cette condition il n'en peut profiter.

Mais avant que de traitter cette Question, il faut remarquer qu'elle ne regarde qu'une partie c de la Sou- * veraineté, qui est celle que l'Abbé d'Orleans avoit donnée au Duc de Longueville.

Pour bien connoistre quel peut estre l'effet de cette clause de reversion dont on veut se prevaloir : il ne faut que considerer ce que c'est que la

REPONSE.

1. a On ne pretend point penetrer dans l'interieur de Madame de Nemours, ny examiner qu'elle est sa tendresse pour Monsieur de Longueville, mais au moins il n'est pas besoin de deviner pour voir que tout ce qu'elle fait ne va qu'à le dépoüiller de son bien, au lieu qu'il faudroit deviner, pour croire que ces Estrangers ayent d'autres motifs que de le luy conserver.

b On soutient le contraire, & qu'à cet égard là, comme dans le reste, les trois Estats ont jugé selon toutes sortes de Loix.

c Il est vray que cette question ne regarde que ce que Monsieur de Longueville avoit donné de la Souveraineté: mais comme il avoit donné tout ce qu'il y avoit, & qu'elle luy appartenoit toute entiere à cause de son indivisibilité si solidement prouvée, la Question regarde la Souveraineté entiere.

qualité de Souverain, & en quoy consiste la Souveraineté.

* Un *a* des plus habiles Docteurs François en ces matieres, dit que la Souveraineté n'est autre chose que la puissance publique en proprieté. Cela comprend en peu de mots tout ce qu'on en peut dire de plus excellent. Car qui dit la puissance publique en proprieté, declare en mesme temps cette puissance independante, ce qui est le plus grand avantage de la Souveraineté. *Loiseau Traitté des Offices & Seigneuries.*

De cette proposition il est facile de conclure que celuy qui n'est pas capable de cette puissance publique n'est pas aussi capable de la Souveraineté.

* *b* Or il est constant qu'un interdit pour cause de demence ne peut pas exercer la puissance publique, puisqu'il est incapable de toutes les fonctions qui y sont necessairement attachées. La raison doit regler la conduite du Souverain, comme le Souverain doit regler celle de son Estat.

* *c* La Loy considere un homme qui a perdu l'usage de la raison comme s'il estoit mort; les Docteurs le comparent mesme aux choses inanimées, & disent qu'il doit estre reputé sans vie & sans existence,

a Cette definition ruine absolument la pretention de Madame Nemours, puisque cette puissance publique appartenant en proprieté au Souverain, rien n'en peut priver celuy à qui l'ordre de la succession l'acquiert avant mesme qu'il soit né. Il faudroit qu'il y eust que c'est la puissance publique en administration, pour faire que Madame de Nemours y pust trouver quelque pretexte; mais en ce cas la definition trouveroit bien des contradicteurs.

b Il s'ensuit tout le contraire, puisque l'incapacité d'exercer cette puissance ne rend nullement incapable de la posseder. La proprieté ne demande d'autre capacité que d'estre. Un homme interdit, est à la verité incapable des fonctions de l'administration, mais il est tres-capable de celles de la proprieté, à quoy rien n'est necessairement attaché que la vie & le droit de la naissance.

c Les Loix ne sont pas du tout si meurtrieres que le pretend l'Auteur des *deffences*, & bien loin qu'elles mettent tout d'un coup au rang des morts ceux dont la raison est offusquée de quelque nuage, & que ce soit une verité si constante qu'elle n'ait pas besoin de preuve. Il est constant au contraire non seulement qu'elles n'ostent pas aux furieux la proprieté de leurs biens, mais mesme qu'elle leur laissent leur dignitez. *Qui furere cœperit & statum & dignitatem in qua fuit & magistratum & potestatem videtur retinere sicut rei suæ dominium retinet.* Au Digeste *de statu hominum, leg. qui furere,* & la loy, *qui patre* au Dig. *de Iis qui sui vel alieni juris sunt* laisse mesme aux Peres, en quelque infirmité d'esprit qu'ils puissent tomber, la puissance & le droit que la nature leur donne sur leurs enfans, & mesme sur ceux qui leur naissent pendant cet estat, en sorte que les enfans ne peuvent rien acquerir qui n'appartienne au pere par un droit de cette puissance paternelle. C'est que les loix ont regardé ces sortes d'accidens comme ne meritant que de la compassion & non pas d'estre traitez comme des crimes. Et le droit ancien estoit si scrupuleux sur cela, qu'il alloit mesme trop loin, puisqu'il ne permettoit pas que le fils d'un furieux se mariast, parce qu'il ne le pouvoit faire valablement sans le consentement de son pere, & que le pere estoit incapable de le donner.

parcequ'en effet la vie de l'ame qui n'est autre chose que la lumiere de l'esprit se trouve éteinte en luy, il ne fait plus nombre dans la societé civile, & il en est absolument retranché, mais il seroit inutile d'apuyer davantage une verité si claire & si constante.

a Tout cela est le plus beau du monde & le plus vray à l'égard de l'administration, mais il n'y a rien de plus faux à l'égard de la proprieté.

a Il faut donc conclurre que si un alиené d'esprit n'est pas capable des moindres fonctions civiles, il est d'une consequence necessaire qu'il ne le peut estre d'une puissance souveraine, qui n'est pas plus bornée dans son exercice que dans son autorité. Son action doit estre continuelle, sa vigilance sans repos, & ses soins infatigables pour le bien de ses sujets, & la prosperité de son Estat. *

L'Auteur du Memoire fait deux objections sur ce point; par la premiere, il soutient qu'une personne alienée d'esprit n'est point depossedé de la proprieté de son bien, mais seulement de l'administration qui en est donnée à un curateur; la seconde est tirée de

l'exemple

l'exemple des mineurs qui sont capables des souverainetez, quoy que l'exercice & la conduite en soit déferée à des Regens, ainsi qu'il a esté pratiqué pour Charles VI. Roy de France, & pour Alphonse Henry Roy de Portugal.

* « Il sera facile de répondre à ces deux objection. Car pour la premiere, on ne peut tirer aucune conséquence des biens des particuliers aux Souverainetez qui ont une loy toute differente. On ne depossede pas un particulier de la proprieté de ses biens, parce qu'ils servent à sa subsistance, & plus il est dans l'impuissance d'agir pour tout ce qui est necessaire à sa conservation, plus la loy a de vigilance pour y pourvoir. Il est mesme du bien public que ses interests ne soient pas abandonnez; & c'est pour cela que par les loix d'Angleterre & d'Escosse, les biens de ceux qui sont tombez en cét état, sont regis & gouvernez par l'autorité souveraine, de crainte que les curateurs n'abusent de leur foiblesse; en un mot, les particuliers possedent les biens pour eux-mesmes seulement, ainsi ils n'en peuvent estre privez particulierement dans le temps où ils leur sont le plus necessaires.

« S'il est facile d'y répondre, ce n'est pas du moins à l'auteur des *deffenses*, car on ne voit point qu'il y ait répondu, mais seulement qu'il en a eu le dessein. On ne voit point non plus qu'il ait établi cette difference qui luy paroist si sensible entre les Souverainetez & les autres biens. Et surquoy en effet l'auroit-il établie, sinon en ce que les Souverainetez sont plus considerables, & rendent plus considerables ceux qui les possedent. Car à l'égard de la proprieté & de l'administration, qui peut-il y avoir de different? Est-ce que les Souverainetez successives n'appartiennent pas aussi legitimement aux Princes que les autres biens aux particuliers? Est-ce qu'elles ne servent pas à leur subsistance? Est-ce que les revenus n'en sont pas à eux? Est-ce qu'il n'est pas juste de leur en conserver la proprieté quand ils n'en peuvent avoir l'administration? Est-ce que les loix n'ont point mis ordre que le bien des Princes leur fust conservé comme celuy des particuliers? Est-ce que la conduite d'un Estat ne peut pas estre commise à des Regens, comme la conduite d'un bien particulier à des curateurs? Est-ce enfin que parce que les Princes possedent leurs Estats non pour eux seulement, mais aussi pour leur sujets, il les en faut dépoüiller dés qu'ils ne sont plus capables d'en avoir la conduite, comme s'il n'y avoit qu'un Souverain en titre qui en pust prendre le soin. Que l'auteur des deffenses cherche d'autres differences que celles-là, ou qu'il convienne qu'au point dont il s'agit il n'y a nulle difference entre les Souverainetez & les biens des particuliers.

Mais cette protection qu'ils reçoivent, quoy qu'elle soit publique, puisqu'elle est de la loy, n'a neanmoins pour objet que le bien & l'interest particulier.

a Il n'en est pas de mesme de la souveraineté, tout y est public, & la loy qui dispose, & l'objet qu'elle envisage, il s'agit du salut & de la conservation de l'Etat, qui est entre les mains du Souverain; & si l'Etat est pour le Prince, le Prince est aussi tout entier pour l'Etat. Comment celuy qui est tombé dans la demence pourroit-il satisfaire à ce devoir public, & estre entierement à la souveraineté, puisqu'il n'est pas capable d'estre à luy-mesme; c'est ce qui établit une difference presque infinie entre la loy de la Souveraineté & l'interest des particuliers.

b Il y en a une seconde encore plus considerable. La Souveraineté est un droit, ou plustost une fonction tellement personnelle, qu'elle ne peut estre communiquée à aucun autre. Le Souverain est la premiere puissance qui contient eminemment, & par elle-mesme toutes les autres puissances de son Estat, dont les Sujets ne peuvent avoir la joüissance que precairement & sous son authorité.

Il n'y a rien de personnel

a L'auteur des *deffenses* trouvera peu de Souverains qui luy sçachent gré de ses maximes, quelques dévoüez qu'ils soient au bien general de leurs Estats, & mesme peu de sujets qui conviennent avec luy, que le Prince n'ait point des interests particuliers, & qu'il soit tellement tout entier pour l'Estat, qu'il n'ait pas aussi des droits personnels qui doivent estre inviolables.

b Ce n'est icy proprement qu'un raisonnement metaphysique qui ne signifie rien. Les Souverains peuvent faire part de leur puissance à qui il leur plaist: & selon l'Auteur mesme, les sujets peuvent exercer la souveraine puissance sous l'autorité & du consentement du Prince, & tous les jours pendant les minoritez l'usage de l'administration se trouve separée de la proprieté qui dort pour ainsi dire dans le berceau.

dans la possession du bien des particuliers ; la possession se peut facilement separer de la proprieté, & dans la Jurisprudence des Coustumes aussi bien que des Loix Civiles, l'usufruit des biens se peut donner à ceux qui n'en ont pas la proprieté.

* a Les Docteurs mesme ont cru qu'à l'égard des biens des particuliers, quand quelque devoir personnel s'y trouve attaché, les insensez en estoient incapables, en sorte qu'ils les ont exclus de la possession des Fiefs, aussi bien que des droits de primogeniture.

Demens vel furiosus, vel aliter incapax & inhabilis, non potest feudum paternum retinere quia ipsum non potest servire. cap. 26. an mutus, &c. de Feudis.

a Les Docteurs n'ont garde de l'avoir cru, où ils l'ont cru contre les Loix, puisque celles qu'on vient de citer conservent mesme aux furieux & aux insensez les Dignitez & les Magistratures, comme le Consulat, ajoûte la Glose, qui estoit une assez éminente dignité, ou la fonction de Juge, suivant la Loy 46. au *D. de Iudiciis*, qui porte, *Iudex datus in eodem officio permanet si furere caperit, quia recte ab initio judex additus est*, & la Loy *Mandante au par. 1. de tutor. & actor. datis*, en ajoûte encore une autre raison; à sçavoir, *quia mens ei redire potest.* Mais il est inutile de s'arrester à examiner ces opinions de Docteurs particuliers qui ne font point de Loix, & d'autant plus qu'elles ne regardent que la succession des Fiefs, qui pouvant estre chargée de telles conditions & de tels devoirs personnels qu'il a plû au Seigneur d'y imposer, n'ont nul rapport à la Question, puisqu'il s'agit d'une Souveraineté que les Princes de Neuf-Chastel ne tiennent de personne ny par consequent à aucune condition.

Il est mesme à remarquer qu'il n'y a rien de moins constant que cette doctrine des Fiefs, il y a presque autant de differences que de coustumes, & le mesme Du Moulin cité par l'Auteur des *Deffenses*, & au mesme endroit enseigne qu'un aisné ou insensé ou furieux n'est pas pour cela incapable des droits d'aisnesse, non plus dans les Fiefs que dans les autres biens, parce que parmi nous, dit-il, les uns & les autres se regissent de la mesme maniere, & qu'ainsy la démence n'empeschant point de succeder aux autres biens, elle ne l'empesche pas non plus à l'égard des Fiefs.

* b *Du Moulin §. 8. num. 27. consf. par. Consuetudo Parisiensis loquens de primogenito intelligit de habili ad succedendum & si inhabilis non facit numerum sed habetur*

b Il est vray que Du Moulin parle ainsi en cet endroit: mais l'Auteur des *Deffenses* devoit marquer que du nombre de ces incapacitez qui privent du droit d'aisnesse, il exclud expressément la fureur & les autres de cette espece & les reduit à d'autres incapacitez qui n'excluent du droit d'aisnesse, que parce qu'elles excluent de la succession; comme les crimes contre la Religion, &c. Mais encore une fois c'est perdre du temps & des paroles aussi bien que l'Auteur du Memoire, puisqu'il s'agit icy d'une Souveraineté, & non point d'un Fief qui reconnoisse un Superieur.

c On convient qu'il y auroit peu d'honneur pour une Maison de laisser gouverner une Souveraineté aussi bien que toute autre sorte de bien par un aisné qui en seroit incapable: mais il n'y à ny honte ny inconvenient qu'il la possede & qu'elle soit regie sous son nom par des personnes qui en remplissent dignement les devoirs.

c Que l'opinion des Jurisconsultes Allemands soit considerable, à la bonne heure, pour les Fiefs d'Allemagne, mais qu'en pourra-on conclure pour les Souverainetez indépendantes, & s'ils veulent que le Fief retourne au Seigneur quand le vassal ne peut rendre le service à quoy le Fief l'oblige; quel sera ce Seigneur à qui le Souverain de Neuf Chastel doit service & à qui la Souveraineté doit retourner; car il faut bien sçavoir que les habiles Jurisconsultes restraignent toute cette doctrine des Fiefs à ceux qui doivent service. Car pour les autres & pour ceux qui ne doivent pas de service personnel, & ceux qui sont hereditaires ou qui peuvent

pro mortuo. Du Moulin. §. 12. gloss. in verbo Tit. de Feud.

Ceux qui ont esté les plus favorables pour les droits d'aisnesse, ont toujours excepté ce qui estoit de dignité & d'administration qui ne peut passer aux insensez, parce que (disent ces Docteurs) l'exercice qu'ils en auroient tourneroit plustost au deshonneur de la famille que non pas à son avantage. *

Sunt quædam quæ transeunt in primogenitum etiam stultum & furiosum, quædam non. Administrationem non habentia transeunt & his bonis succedit primogenitus etiam stultus, iis verò quæ sunt honoris & administrationis non succedit quia plus esset in dedecus familiæ quam in excellentiam, ea jura exercere. Ioann. le Tirier in Tract. de primog. lib. 3. quest. 4.

Les Jurisconsultes Allemands, dont l'opinion doit estre de grande autorité dans la Question presente, sont de mesme sentiment, & disent, qu'un Fief doit vacquer quand le vassal est muet, furieux, aveugle, ou qu'il tombe dans quelqu'autre incapacité, & qu'en ce cas le plus proche & le plus habile doit succeder, si ce n'est que l'infeodation en fust nouvelle; le Fief retourne au Seigneur, d'autant (disent-ils) que ce qui est *

donné

donné à condition de rendre quelque service doit retourner au Seigneur, quand cette condition ne peut avoir aucun effet.

Æquum est enim quod officij causa datur id deficiente officio ad Dominum redeat vult. fachin. vesub.

* [a] Cette doctrine des Fiefs qui est si universellement reçuë de tous ces Docteurs, se doit à plus forte raison appliquer au fait de la Souveraineté, dont les obligations sont bien plus indispensables ; & ces Jurisconsultes Allemands ont eu principalement en veuë les Fiefs de dignité, qui sont tous des Souverainetez en Allemagne, & sans examiner icy la qualité de celle de Neuf-Chastel, il suffit que l'Auteur du Memoire luy-mesme demeure d'accord qu'elle a esté un Fief de l'Empire, & quand elle auroit esté depuis affranchie, & qu'elle seroit devenuë un Estat libre, elle n'auroit pas moins conservé les marques de son origine pour suivre le droit commun de l'Allemagne ou l'usage particulier de Neuf-Chastel ne se trouvera point contraire.

* [b] La Constitution de Charles IV. Empereur, dans sa Bulle d'or de l'anné 1358. chap. 25. y est encore bien plus expresse ; Il ordonne que le fils

estre tenus par des femmes, on n'a jamais pretendu en exclure, ny pour la foiblesse d'esprit, ny pour quelque infirmité que ce soit.

[a] Quelle application du devoir d'un vassal que le Seigneur a pû rendre aussi personnel qu'il luy a plû, au devoir d'un Prince envers ses Estats, qui n'a d'autre interest que d'estre bien gouverné, & dont le Prince peut commettre le soin à qui il luy plaist, ou les Loix pour luy quand il n'est pas en estat de le faire.

Les Souverainetez d'Allemagne sont des Souverainetez dépendantes qui doivent & à leurs Sujets & à leur Superieur : mais celle de Neuf Chastel ne releve de personne ; si elle a esté un Fief de l'Empire, elle ne l'est plus, & aussi dire qu'elle ait conservé les marques de son origine, c'est-à-dire qu'elle a cessé d'estre indépendante, & qu'elle est demeurée assujettie au droit commun des Estats dépendans. Mais quand Madame de Nemours auroit tant fait que de prouver que ces pretendus restes de l'origine du Comté en doivent priver Monsieur de Longueville, qu'auroit-elle gagné que de s'en exclure elle-mesme, puisque ces Loix des Fiefs de service ne sont pas moins contraires aux femmes qu'aux Ecclesiastiques, aux muets ou aux insensez.

[b] Puisque cette Loy est particuliere pour les Electorats, elle n'a pû estre alleguée icy que pour faire nombre sans rien prouver, car si elle ne doit faire Loy que parce qu'elle est fondée sur la raison : il ne falloit qu'alleguer cette

raison & cette pretenduë incompatibilité, mais l'Auteur a bien veu qu'il ne prouveroit jamais rien par là.

aisné seul succedera, pourveu neanmoins qu'il ne soit point aliené d'esprit & dans la demence ou dans quelque défaut considerable, pour raison dequoy il ne dust ny ne pust avoir le commandement Souverain sur les Sujets, auquel cas la succession luy estant defenduë, elle sera déferée au second frere, s'il y en a, sinon aux plus proches parens laïques du costé paternel. Bien que cette Loy soit particuliere pour les Electorats; & mesme comme il a esté remarqué, qu'elle soit une exception du Droit Commun qui est reçu en Allemagne pour le partage des Souverainetez; neanmoins cette Constitution doit estre considerée comme une Loy generale pour l'exclusion de ceux qui sont alienez d'esprit, parce qu'elle est fondée sur la raison & sur l'incompatibilité essentielle de cet Estat avec la Souveraineté.

Primogenitus filius ejus succedat eis (Electoribus) sibique soli jus & dominium competat, nisi forsitan mente captus, fatuus seu alterius famosi defectus & notabilis defectus existat propter quem, non deberet seu posset hominibus principari in quo casu inhibita sibi successione, secundò genitum si fuerit in ea progenie seu alium seniorem fratrem vel consanguineum laïcum qui paterno stipiti descendenti recta lineæ proximior fuerit volumus successurum.

a L'Auteur des *deffenses* ny a pas pris garde. Ce n'est pas là l'opinion de Du Moulin, c'est celle du Docteur Zazius que Du Moulin rapporte, & de laquelle il dit dans ces derniers mots, qu'elle pourroit peut-estre avoir lieu pour les dignitez d'Allemagne dépendantes de l'Empire, qui n'est pas successif ny hereditaire, mais electif, à quoy il ajoûte que la fureur ny la demence n'empesche point de monter au Trône ceux que la naissance y appelle, & pour exemple il en donne le Royaume de France.

a L'opinion de Du Moulin au lieu déja cité est conforme à cette Constitution où il dit (*consuetudo quod primogenitus in dignitatibus succedat, debet intelligi, si sit aptus. Alioquin non precisè secundò genitum sed aptiorem & salati reipublicæ & quieti subditorum utiliorem preferendum & posse deligi à patre, hoc potest forsan procedere, in dignitatibus Germaniæ dependentibus ab Imperio; Molinus* §. 8. *num.* 26. *cons. Paris.*) le premier né succedant aux dignitez, cela se doit entendre s'il en est capable; autrement sans considerer precisément le second, on choisit celuy qui est le plus digne & le plus utile au salut de la Republique & au repos des Sujets, & il peut estre choisi par le pere, ce qui pourroit avoir lieu aux dignitez dépendantes de l'Empire. Ce choix n'est pas deferé par la Bulle d'or qui appelle le plus proche. Mais pour l'exclusion de ceux qui ne sont pas capables de Souveraineté, le sentiment de ce Docteur est semblable à la disposition de cette Bulle, & mesme il decide nettement que les insensez sont exclus des Souverainetez electives & hereditaires; mais l'opinion de Balde est aux mesmes termes de la constitution imperiale, il dit que l'aisné estant inhabile, le pere peut donner le Royaume au second fils.

* a *Ab electivo & hereditario Regno excluditur demens. Idem eod. loco. Primogenito inhabili pater potest secundo genito habili dare regnum Bald. in authentico hoc amplius.*

Les Docteurs ont mesme étendu cette exclusion aux successions indistinctement; en sorte que si par quelques statuts particuliers * b une fille dotée ne pouvoit succeder au pere ny à la mere, l'un des freres estant vivans; cela se devroit entendre d'un frere capable de succeder.

Iure statuto civitatis certona mulier à patre vel matre dotata neutri succedit superstite fratre intelligitur de fratre successibili.

Bald. Cons. 3. lib. 4.

Stultus, Monachus, vel in perpetuum bannitus seu exul filiam succedere non impedit.

Bartol. in s. qui habeat leg. 1. digest. de bonorum possessionibus contra tabulas.

* c Aprés tant d'autoritez dans une question que le bon sens & la raison devroient decider

a On ne trouve point cela dans du Moulin; mais tout au contraire, il dit indefiniment au num. 25. que quelque infirmité d'esprit qui survienne à un aisné, *postquam jus primogenitura in persona sua fuit radicatum.* Il ne laisse pas de succeder mesme à un Royaume, & qu'il luy faut donner un curateur, surquoy il allegue entre plusieurs authoritez celle de Balde, au mesme endroit cité par l'Auteur des *deffenses.*

b Il y a encore icy de l'erreur ou de la surprise. Car cette incapacité de succeder ne s'entend cóme on a déja dit, que de ce qu'on appelle *capitis diminutio*, ou de l'entrée en Religion, & des autres de cette espece; & c'est surquoy du Moulin aprés avoir excepté la demence comme n'empeschant point de succeder, cite ces deux mesmes autoritez de Balde & de Bartole.

c Il n'y a qu'à prendre le contrepied de cette conclusion pour conclurre raisonnablement, puisqu'il n'y a ny autoritez ny raisons qui ostent aux foibles d'esprit la proprieté de ce qui leur appartient.

a Cette derniere raison est encore plus nulle que les autres s'il se peut, jusqu'à ce que cet écrivain fasse voir qu'on n'en puisse pas conclurre contre les Princes mineurs, ce qu'il en veut conclurre contre les insensez.

b On a fait voir tout au contraire par une loy expresse citée cy-dessus, que la demence ne faisoit point perdre aux peres la puissance que les loix leur donnoient sur leurs enfans ; ainsi ce n'est pas doctement que ces Docteurs, s'il y en a, ont pretendu que la demence fut un de ces accidens.

pour établir l'exclusion des insensez pour tout ce qui peut avoir quelque preeminence & quelque prerogative ; comment pourra-t-on soutenir qu'ils soient capables de la plus haute de toutes les dignitez, qui est la Souveraineté.

a Il y a une derniere raison qui est l'indépendance, & du Souverain & de la Souveraineté, un Prince dans l'état de demence, devient dépendant d'un curateur, il est pour ainsi dire son sujet ; de sorte que les droits de la Souveraineté passeroient en des mains étranges, ce qui n'est pas à craindre à l'égard des particuliers qui sont nez sujets & dépendans, & dont les biens comme les personnes sont soumis à la loy de la Souveraineté. *

b Les Romains qui ont esté si jaloux de leur autorité, jusques à se considerer comme des Souverains dans leurs familles, & se donner la puissance de vie & de mort sur leurs enfans, ont neanmoins consenty l'émancipation de la puissance des peres en faveur des fils de famille, non seulement par les voyes legitimes & ordinaires, mais encore par la survenance de quelque accident que les Docteurs ont interpreté de la demence, tant il est vray que cette incapacité *

doit

doit faire cesser toute autorité & toute jurisdiction.

Leg. 3. Cod. de emancipatis. Leg. 13. § 1. Cod. de sententiam passis.

* a Pour répondre à la seconde objection fondée sur la minorité des Roys qui les empesche d'exercer la Souveraineté qui ne laisse pas de leur appartenir, on ne disconvient pas de cette verité, & c'est ce qui a introduit l'usage dans les Etats de donner des Regens aux Princes mineurs pour les soulager dans le gouvernement, jusques à ce que les premiers rayons de cette intelligence que Dieu donne aux Souverains par anticipation du temps & plutost qu'aux autres hommes, les rendent capables d'agir par eux-mesmes.

* b Mais il y a encore une bien plus grande difference de cet état à celuy de la demence que celle qui a esté étably dans la réponse à la premiere objection, la minorité n'est pas une incapacité. Ce n'est qu'un obstacle qui se leve tous les jours, & si l'enfance des Princes est une espece de maladie dans les Estats, la guerison en est assurée par le temps, l'âge vient qui perfectionne la nature, & il ne feroit pas juste que ce defaut des années qui se repare infailliblement pût priver un Souverain des droits

a Il ne sert de rien à la question, si Dieu donne ou ne donne pas l'intelligence aux Souverains plustost qu'aux autres hommes: mais enfin le mesme usage qui a introduit les Regens pour soulager les Princes dans leur minorité, les a aussi introduits pour soulager les Princes dans les autres cas d'incapacité d'administration: & si au regard d'un Prince au berceau, cela ne s'appelle que le soulager: ce ne sera aussi que le soulager en quelque état qu'il soit d'infirmité ou de perte d'esprit.

b La minorité est au moins une incapacité jusqu'à un certain âge, & une incapacité qui peut n'avoir point de fin, puisque la mort peut venir avant la raison parfaite, & quoy qu'il y ait en effet de la difference entre ces deux Estats, ce n'est pas une difference qui rende la depossession d'un Prince infirme d'esprit plus juste que celle d'un Prince mineur.

qui luy sont acquis par la loy du Sang, & celle de l'Estat.

a Mais cependant le nom & la personne du Souverain paroissent par tout ; & il ne se fait rien dans son Estat que sous son autorité, il y en a mesme des exemples dans les Souverainetez dont est question. L'acte de l'année 1558. pour la confirmation de l'Hospital de Neuf-chastel est passé au nom & en la presence, tant de Jacqueline de Rohan que de Leonor d'Orleans son fils ; & en effet, si les mineurs parmy les particuliers peuvent contracter sans l'autorité de leurs tuteurs lorsqu'ils font leur condition meilleure, à plus forte raison les Souverains doivent-ils joüir d'un avantage qui est accordé à leurs sujets. *

b Mais l'infirmité de l'esprit, particulierement lorsqu'elle est l'effet du temperamment, ne se guerit pas par les années, qui ne servent qu'à fortifier ce mal qu'on peut nommer incurable ; c'est à vray dire une privation qui n'a jamais de retour à l'estre & à l'existence, quand il pourroit y avoir quelque esperance de guerison (ce qui n'entrera dans l'opinion de personne au cas de la question presente) le salut, la sureté & la tranquillité publique ne pourroient pas se reposer sur un évenement si incertain. *

a Pourvû que le nom du Souverain paroisse par tout, il semble que ce soit bien assez : & cela n'est pas plus difficile pour un Prince malade que pour un mineur. Mais pour ce qui est de la personne, il seroit un peu incommode à un Prince s'il falloit qu'il se transportast en tous les endroits de son Estat où quelque chose se feroit sous son authorité.

b Pourquoy l'infirmité d'esprit ne se peut-elle guerir par les années ; & quelle barbare prophetie, qui dans cette occasion plutost qu'en un autre ne veut pas qu'il soit permis de conserver de l'esperance, comme si le repos ne pouvoit pas rétablir ce que la fatigue des voyages a pû alterer, & qu'il n'y pût avoir des causes naturelles pour la guerison d'un mal que des causes naturelles ont produit. Monsieur de Longueville est mesme mieux qu'au commencement de son mal, & mesme mieux en certain temps qu'en d'autres, ce qui marque de la ressource. Mais enfin n'a-t-on pas des exemples de guerisons pareilles. Quand on n'en auroit point, quel est l'homme qui puisse assurer qu'il y a de l'impossibilité? Et quand cette impossibilité seroit visible, pourquoy veut-on qu'avec de bons Regens le salut & la tranquillité publique soient moins en seureté dans l'incertitude de cet évenement, que pendant l'enfance d'un Prince qui peut n'avoir jamais l'aage de raison? Mais quel Estat dans l'Europe doit moins craindre de ce costé là que celuy de Neuf-Chastel, qui depuis plusieurs siecles à peine a veu ses Princes quelques momens, & a toûjours esté heureux & tranquille sous la conduite de leurs Lieutenans, & la plus grande partie mesme de ce temps par des Méres.

* a Il ne reste plus qu'à examiner les exemples de Charles VI. Roy de France, & d'Alphonse Henri Roy de Portugal; ces deux Princes estoient sur le Trône, & en possession de la Souveraineté, lorsque l'infirmité d'esprit leur est survenuë; or comme la Royauté est une espece de sacerdoce dont le caractere est ineffaçable, il n'est pas permis aux hommes de déposseder un Souverain d'un droit si legitime, ny de toucher à une chose si sacrée.

a Cette réponse ne commence pas heureusement quand elle devroit estre restrainte au sens de l'Auteur des *Deffenses*. Car elle ne fait que fortifier le droit de Monsieur de Longueville, puis qu'on fera voir qu'il estoit en possession de cette espece de Sacerdoce quand son infirmité luy est survenue. Mais de plus cette infirmité l'empescheroit aussi peu d'y succeder que de le retenir, & il n'y a point d'établissement parmi les hommes ny si juste ny si necessaire que celuy-là, qui fait également & la seureté des Rois & la tranquillité des Estats. Car si la foiblesse d'esprit excluoit de la Couronne, combien d'autres deffauts y paroistroient un obstacle plus essentiel. Pourquoy ne l'étendroit-on pas à la difference de Religion, à la tyrannie, à cette corruption universelle des mœurs qui ne laisse aux Princes nul soin des autres ny d'eux-mesmes, & par là quelle porte ouverte aux usurpateurs ou aux mécontens; & quels Princes pourroient estre à couvert de ces sortes d'accusations quelques fausses qu'elles fussent, d'abord qu'ils ne seroient pas les plus forts, & qu'il ne seroit question que d'abuser les peuples? Que l'Auteur des *Deffenses* apprenne donc que c'est pour éviter ces inconveniens qu'on a établi l'ordre de la succession, & qu'on ne pouvoit rien faire de plus sage, puisque par là il ne s'agit que d'estre fils du Prince, & d'estre en vie, ce qui ne reçoit point de contestation, au lieu qu'il n'y a point de regle fixe pour juger de la capacité ou de l'incapacité de regner.

* b D'ailleurs il a esté remarqué que la France estoit exceptée de toutes les regles generales, qu'elle avoit un droit eminent qui la distinguoit de toutes les autres Monarchies du monde; & que

b Il est certain que la France a des droits qui la distinguent des autres Monarchies: mais il y a aussi des droits naturels à toutes les Souverainetez. Et celuy dont il s'agit est de ce nombre; & à l'égard du Roy de Portugal, ces raisons de prudence sont bien moins de notorieté publique, qu'il ne l'est que le Regent n'a point pris la qualité de Roy ; & n'est-ce point une raison de ne pas pretendre à une chose que nulle Loy ne permet.

suivant l'avis des Docteurs; ses Privileges & ses prerogatives ne pouvoient estre tirées à aucune consequence ; *& pour Alphonse Louis Roy de Portugal*, il est de notorieté publique que les Estats l'ont sollicité plusieurs fois de prendre la qualité de Roy, & qu'il ne l'a refusée ou differée que par des raisons de prudence.

* Et en effet il y en a plusieurs exemples, & entr'autres celuy de Charles Quint qui fut declaré Roy d'Espagne, sa mere encore vivante, à qui la Souveraineté appartenoit dont elle fut dépossedée par l'imbecillité d'esprit qui luy estoit survenuë.

* On vient de dire que la Royauté estoit une espece de Sacerdoce, dont le caractere estoit ineffable, &c. Et cependant on veut qu'il y ait plusieurs exemples de Rois qu'on ait depossedez pour une foiblesse d'esprit. Ce seroient donc autant d'exemples de sacrileges qui ne seroient propres qu'à faire horreur. Mais par bonheur on n'en cite que deux, & encore se trouvent-ils faux. Car à l'égard de Charles-Quint, l'Histoire de Sandoval nous apprend que le Roy D. Ferdinand par l'avis de son Conseil, nomma par son Testament la Reine Jeanne sa fille, pour son heritiere à tous ses Royaumes, d'Arragon, de Sicile, &c. & pour Regent à cause de la maladie de cette Princesse, le Prince Charles son petit fils. Il y paroist ensuite que Charles fut proclamé Roy à Gand par un élancement de joie des peuples ou les gens mesmes de qualité se laisserent aller, & à quoy ç'auroit esté une espece de miracle, qu'un Prince de l'aage & de l'ambition de celuy-là se fut opposé. C'est peut-estre ce qui a trompé l'Ecrivain de Madame de Nemours : mais l'effet que fit cet emportement le devoit desabuser. Car on void fort peu aprés que Charles ayant continué de prendre cette qualité, le Cardinal Ximenes, qui devoit gouverner en son absence, & tout le Conseil Royal luy écrivirent une grande Lettre pour le dissuader de se laisser aller aux Conseils de ceux qui le portoient à prendre le Nom de Roy ; qu'il n'y avoit nulle necessité qui l'y dust obliger pendant la vie de la Reyne sa mere, que ce seroit manquer au respect qui luy estoit dû par toutes sortes de Loix & Divines & Humaines, que la mort du Roy Catholique ne luy avoit pas donné plus de droit qu'il n'en avoit auparavant, puisque ces Royaumes n'appartenoient point à Ferdinand, que les Loix ny l'usage ne permettoient point dans ces Royaumes que le fils prit le titre de Roy, pendant la vie du pere, & que si quelques-uns l'avoient fait, ç'avoit esté par usurpation, ou parce que le pere y avoit consenti, qu'il ne falloit tirer à consequence que les bons exemples, & non pas ceux qui ne pouvoient passer devant Dieu que pour des crimes ; que les enfans qui en avoient ainsi usé n'a-

voient regné, ny heureusement ny longtemps & qu'encore une fois ils le supplioient & par la crainte de Dieu & par le respect qu'il devoit à sa mere de luy laisser entierement la qualité de Reine, puisqu'aussi bien il ne pouvoit la deshonnorer sans se deshonnorer luy-mesme.

Cette Lettre seule est un Factum suffisant contre Madame de Nemours, & il est inutile d'ajoûter que les Partisans de Charles en Flandres, & l'Empereur Maximilien son ayeul paternel s'estant mis dans l'esprit qu'il eust le titre de Roy, Charles écrivit dans tous ces Royaumes, qu'il y avoit necessité qu'il en usa ainsi pour la gloire de Dieu & pour d'autres grandes considerations & qu'ainsi il falloit qu'il prit cette qualité conjointement avec la Reine sa mere. Il y eut là dessus une grande deliberation à Madrid entre tout ce qu'il s'y trouva de Grands & de Prelats, dont le resultat, aprés bien de la contestation, fut qu'on laisseroit le titre de Roy à Charles, & cela fondé principalement sur ce qu'il y auroit de la honte à le quitter aprés l'avoir pris. La publication qui s'en fit ensuite par tout le Royaume, porte qu'il ne prendra cette qualité que conjointement avec la Reine sa mere, & qu'il luy en laissera mesme toute sorte de preéminence, & à cette publication fut joint un modele de toutes les expeditions du Conseil d'Estat, qui devoient commencer D. Jeanne & D. Carlos son fils, Reine & Roy de Castille, Arragon, des deux Sicíles, &c.

On s'est un peu étendu là dessus, & parce que l'Histoire en est belle, & pour faire voir quel pied il faut prendre sur ce que l'Ecrivain de Madame de Nemours assure si hardiment, & comme si la Reine Jeanne avoit esté dépossedée par une assemblée d'Estats.

* On ne peut obmettre celuy que nous trouvons dans l'Ecriture en la personne de Saül qui fut depossedé de son vivant & David constitué pour regner en sa place. L'Ecriture remarque que la conduite de Dieu fust admirable : car ayant resolu d'oster à Saül la Couronne qu'il luy avoit mise, pour ainsi dire de ses propres mains sur la teste, il luy osta l'esprit de sagesse & de conduite & le fit tomber dans la démence comme dans la veritable disposition qui doit faire perdre la qualité de Souverain.

Au reste les exemples rapportez par l'Auteur du Me-

L'exemple de David est encore plus mal allegué : car quand Saül auroit esté dépossedé, il faudroit, pour en conclure quelque chose, que Dieu se fut expliqué aussi clairement en faveur de Madame de Nemours qu'il avoit fait pour David : mais ce qu'il y a de beau, c'est que Saül mourut Roy d'Israël, que David qui l'estoit déja par le choix de Dieu, n'en prit jamais ny le nom ny aucune fonction tant que Saül vescut, & qu'il punit mesme tres-severement celuy qui avoit presté sa main au desespoir de ce Roy reprouvé, & à sa priere, comme ayant attenté à l'Oint du Seigneur. Ainsi l'Auteur des *Deffenses* aprés s'estre trompé dans l'Histoire profane se trompe encore à l'égard de l'Ecriture.

A ces deux exemples qu'il a fournis à Monsieur de Longueville, il trouvera bon qu'on en ajoûte deux autres ; l'un tiré aussi de l'Histoire profane &

presque de nos jours, sçavoir de ce Duc de Cleves & de Juliers dont parle Grotius, qui estant tombé dans la démence posseda le Duché jusqu'à la fin de sa vie, sans que l'Electeur de Brandebourg & le Duc de Neubourg, qui estoient les heritiers presomptifs, parce qu'ils avoient les sceûts, en ayent jamais pretendu la proprieté, ny qu'ils en ayent mesme eu la Regence, qui demeura au Conseil d'Estat par jugement de l'Empereur, & sans que cet Empereur, qui pretendoit disposer de ce Duché comme estant un fief masculin, l'eut pretendu vacant par l'imbecillité de celuy qui le possedoit; en quoy cet exemple paroist fort exprés pour ruïner toutes les pretentions de Madame de Nemours.

L'autre pris de l'Auteur des *Deffenses*, qui a bien voulu nous ouvrir ces temps si éloignez, c'est l'Histoire de Nabuchodonozor, qui pour avoir passé sept ans de sa vie actuellement au rang des bestes n'en mourut pas moins revestu de la Monarchie des Assyriens. Que cet Auteur reconnoisse donc qu'il ne reste jusqu'icy aucun exemple à Madame de Nemours & qu'en voilà quatre pour Monsieur de Longueville, qui font aux Souverains une possession presque aussi ancienne que le monde.

a Quand ce qu'on dit icy seroit vray, & qu'il s'agiroit à l'égard de Madame de Longueville d'un bien à acquerir, la pretention de Madame de Nemours n'en seroit pas mieux fondée, puisqu'il n'y a point d'infirmité d'esprit qui empesche un homme d'agir non plus que de conserver la possession de son bien par l'endroit de Du Moulin qu'on a cité. Les furieux sont capables de succeder à toutes sortes de biens & la succession est une maniere d'acquerir, un furieux peut estre institué heritier & on luy peut donner des substituez suivant les Loix *heres furiosi* au D. *de hereditatis petitione*, & les Loix *de bonorum possess.* & derniere au Code *de curat. furioso.* portent expressément que s'il escheoit quelque chose à un furieux ou par succession, ou par Legat, ou par fideicommis, & enfin de quelque maniere que ce soit son bien en est augmenté, & ses Curateurs en doivent estre chargez pour luy en tenir compte, *en cas qu'il guerisse de cette infirmité.* Car les Anciens Jurisconsultes n'ont pas cru comme l'Auteur du Memoire, que ces sortes de maux fussent incurables. Ils n'ont pas esté si decisifs dans une chose où il est impossible aux hommes de rien assurer: mais ils ont bien veu qu'il ne seroit pas juste que retournant en santé un homme se trouvast privé

moire n'ont aucun rapport avec l'espece presente, puisque l'Abbé d'Orleans n'estoit pas en possession de la Souveraineté lorsque la démence luy est survenuë, elle appartenoit à Charles Paris d'Orleans son frere, ce n'est que par sa mort que l'on en a pretendu la reversion.

a Il y a bien de la difference entre un droit acquis & celuy qu'on pretend acquerir, le moindre deffaut empesche la promotion dans les dignitez indistinctement, soit seculieres soit Ecclesiastiques; & il faut en avoir la capacité sans laquelle l'exclusion en est indubitable, mais ce qui empesche la promotion n'oste pas la possession quand elle est une fois acquise.

de son bien parce qu'il auroit esté malheureux, & que le retour de sa raiso ne serviroit qu'à luy faire sentir la perte qu'il auroit faite & qu'il auroit si pe meritée. Les furieux & les insensez peuvent donc acquerir, & comme il n' a nulle difference des Souverainetez aux autres biens, sur tout à cet égard ils peuvent acquerir les Souverainetez comme les autres biens.

* [a] L'Abbé d'Orleans n'estoit plus Souverain de Neuf-Chastel, il s'en estoit demis en faveur de son frere, & la condition de retour ne luy avoit conservé qu'une simple esperance, & non pas un droit de la proprieté, elle n'estoit stipulée qu'en un cas fort incertain, & qui ne pouvoit empescher que l'Abbé d'Orleans par sa donation entre-vifs n'en eut transferé tout le droit qu'il y pouvoit avoir à Charles Paris d'Orleans son frere; mais enfin de quelque maniere que cette condition puisse estre considerée, elle ne pouvoit avoir son effet que dans l'escheance du cas qui avoit esté préveu, & l'Abbé d'Orleans s'estant trouvé pour lors incapable d'en recevoir le Benefice, elle est devenuë inutile & caduque.

[a] Mais il y a bien plus, car il n'est point vray, selon les veritables principes du Droit qui sont toûjours ceux de la raison & du bon sens que Monsieur de Longueville ne soit rentré que par acquisition à la Souveraineté de Neuf-Chastel, il n'en a point proprement esté dépossedé, & la clause de reversion luy en a, pour ainsi dire, conservé une source & une racine de proprieté qui n'a point esté interrompuë, ce qui luy en estoit demeuré & ce qu'il en avoit transmis à Monsieur le Comte de S. Paul estoit lié l'un à l'autre par la condition du retour, & chacune de ces portions au mesme droit a toûjours esté dans l'estat de se rejoindre à l'autre d'abord que la condition seroit arrivée ou qu'elle ne pourroit plus arriver. C'est l'évenement de cette malheureuse condition qui a fait le mesme effet que s'il n'y avoit point eu de donation, & qui a fait rentrer Monsieur de Longueville dans son bien *ex antiqua causa*, comme disent les Docteurs sur les Loix 12. & 13. au *C. de donat. quæ sub modo*, dont l'usage des clauses de reversion a esté tiré, & ces sortes de clauses affectent tellement la chose donnée que le donataire n'en sçauroit disposer en quoy que ce soit, que les creanciers n'y peuvent pretendre aucune hypoteque, & le cas de la reversion arrivant, elle doit se retrouver entre les mains du donateur, toute telle qu'elle estoit au moment de la donation. Les clauses de *remeré* dans un certain temps qui sont bien moins favorables ont un effet tout pareil & quoy qu'elles n'empeschent point que la vente ne soit pure & simple, le vendeur d'abord qu'il luy plaist d'user de cette faculté reprend ce qu'il avoit vendu, comme le donateur ce qu'il avoit donné, sans qu'il soit deu aucuns droits Seigneuriaux, ny par consequent qu'on puisse presumer dans l'un n'y dans l'autre cas une nouvelle acquisition.

[b] Mais si l'Abbé d'Orleans

[b] L'Auteur des *Deffenses* auroit

sans doute de la peine à prouver que Madame de Nemours fut de ce costé-là plus propre que Monsieur son frere à deffendre l'Estat contre ses ennemis, car si l'Eglise ne permet pas à ses Ministres de répandre le sang, la bienseance non plus que la foiblesse naturelle ne le permet pas davantage aux femmes, tout ce que pourroit faire Madame de Nemours en cas de guerre, ce seroit d'avoir de bons Generaux, ce qui ne sera pas plus mal-aisé à Monsieur de Longueville qu'à elle.

a Monsieur de Longueville ne manquera pas pour cela de successeurs, son Estat qui seul y a interest, se tient en repos là dessus, & puis pourquoy voudroit-on qu'il fust plus asseuré de la posterité de Madame de Nemours, qui peut & ne se marier & ne point donner de Prince à cet Estat, quoy qu'elle se mariast; mais où trouvera-t il ny raisons ny autorité pour soutenir que l'engagement dans l'ordre de Prestrise soit un obstacle pour conserver une Souveraineté, & mesme pour y succeder.

b Si ces exemples sont rares, il y en a neanmoins, & il n'est pas étonnant qu'ils soient rares, puisqu'il y a peu de Souverains, & parmy ceux qui le peuvent devenir, peu de gens qui se fassent Prestres: mais à quoy bon se donner la peine d'en aller chercher des exemples

est incapable par l'infirmité d'esprit & par l'interdiction prononcée contre luy, il ne l'est pas moins par son engagement dans l'ordre de Prêtrise, il ne faut pas seulement de la teste aux Souverains pour gouverner les peuples, il leur faut un bras pour les deffendre de leurs ennemis; l'Eglise ne permet pas à ceux qui servent aux Autels de répandre le sang, ils n'élevent les mains au Ciel que pour offrir des sacrifices de paix, & ils ne peuvent se trouver dans les occasions de guerre sans encourir l'irregularité.

a L'Ordre de Prêtrise est d'ailleurs un empeschement formel pour succeder aux Souverainetez qui ne sont pas electives, & on en observe regulierement la loy des successions legitimes; les peuples attendent de leurs Souverains une posterité qui est incompatible avec cet Etat, & il s'en est trouvé dans les derniers temps qui ne voulant point s'engager dans le mariage, ont crû par cette raison estre obligez d'abdiquer la Souveraineté.

b S'il y a des exemples dans l'antiquité des Prestres, qui ont succedé à la Couronne, ils sont tres-rares, & ne peuvent estre tirez à consequence, la France detesta avec raison l'attentat

tentat de ceux de la ligue, qui pour donner couleur à leur rebellion, proclamerent Roy le Cardinal de Bourbon au prejudice de Henry IV. son neveu, non seulement parce qu'en France representation ayant toujours eu lieu pour la succession à la Couronne, on avoit violé la loy de l'Estat, mais encore parce qu'estant engagé dans la Prestrise, & mesme dans l'Episcopat, il étoit incapable de regner.

Aussi s'il y a des Souverainetez commandées par des Princes Ecclesiastiques, elles sont electives & consacrées à l'Eglise. C'est une possession dans laquelle elle se trouve depuis plusieurs siecles par des raisons qu'il est inutile de traitter en ce lieu; mais comme les Princes laïques ne peuvent pas estre élûs pour commander dans ces Estats, aussi les Ecclesiastiques ne sont pas de qualité à gouverner les Souverainetez laïques & hereditaires (comme il est mesme porté en termes exprés dás la constitution imperiale.) Ce sont deux puissances distinctes & separées qui ont aussi leurs exercices & leurs fonctions bien differentes.

* « Mais dans l'espece presente, cette incapacité jointe à celle de l'imbecillité d'esprit, qui concourent en la personne de

dans l'antiquité si nous en avons de tout proches dans la personne de ce Cardinal & Archevesque qui succeda à la Couronne de Portugal, & qui porta toute sa vie le titre de *Cardinal Roy*. Philippes II. Roy d'Espagne fut bien malheureux, que cette opinion de l'Auteur des *deffenses* ne fust pas née de son temps, puisqu'elle luy auroit fourny une raison decisive pour faire valoir ses pretentions sur le Portugal.

Il n'y avoit à reprocher à la ligue que d'avoir violé la loy de la representation, la raison estoit assez decisive, & celle qu'on y joignoit de la Prestrise & de l'Episcopat n'y ajoutoit rien, s'il est vray qu'on l'y joignist. Il faudroit pour en tirer avantage qu'on fist voir qu'il n'avoit esté parlé que de cette derniere, & que sur cela le Cardinal de Bourbon eust esté exclus. Mais comment pourroit-on faire voir une chose impossible. Cette raison de Prestrise pourroit à la verité estre alleguée s'il s'agissoit d'élire un Souverain, mais elle n'auroit jamais fait exclurre le Cardinal de Bourbon, si de droit la Couronne luy eust appartenu.

« Cet article n'estant qu'une énonciation sans preuve ou sans preuve qui fasse foy en cette occasion, il n'y a rien à répondre, non plus qu'à la conclusion qui n'eſt fondée que ſur ce qui vient d'eſtre détruit.

Au reſte, que l'Auteur des *deffenſes* par les mots de *reclus* & de *Monaſtere* ne pretende pas inſinuer que Monſieur de Longueville ait fait quelques vœux. Il eſt retiré dans un Monaſtere comme il pourroit l'eſtre en tout autre lieu: mais il n'eſt point ce qu'on appelle *reclus*. Il n'eſt point Religieux, ce qui ſeroit veritablement une incapacité de rien poſſeder, mais il eſt Preſtre ſeculier, ce qui ne l'empeſche non plus d'étre Souverain, que de poſſeder tous les autres biens.

a Ce droit de Madame de Longueville pour la curatelle ſe trouve icy ſi fortement étably par le propre écrit de Madame de Nemours, qu'il eſt impoſſible de prevoir par où on le pourra combattre, & ſur tout ſi l'on y ajoute que jamais comme on a fait voir danr le memoire, la tutelle des Princes de Neuf-chaſtel n'a eſté donnée à d'autres qu'aux meres, quand elles ne ſe ſont point remariées; qu'à leur defaut les ayeuls maternels ont toujours eſté preferez meſme aux oncles paternels; que par la coutume meſme du païs en general, jamais d'autres femmes que les meres ou les grands-meres ne ſont admiſes a ces ſortes de fonctions.

l'Abbé d'Orleans, reclus & renfermé dans un Monaſtere, ne le doit-elle pas rendre abſolument inhabile à ſucceder aux Souverainetez de Neufchaſtel & Valangin; & toutes ces incapacitez eſtãs ſurvenuës entre la donation & la condition, n'eſt-ce pas un milieu que les Docteurs appellent dirimant qui détruit l'effet de cette condition, & conſerve à Madame de Nemours le droit tout entier qui luy appartient en qualité d'heritiere teſtamentaire de ſon frere.

a Quand l'Abbé d'Orleans * pourroit avoir quelque part dans ces Souverainetez, & que ſon droit pretendu ſeroit compatible avec l'état, dans lequel il ſe trouve preſentement Madame de Nemours ſoutient que l'adminiſtration luy en devroit appartenir, & qu'à elle ſeule comme plus proche & preſomptive heritiere de l'Abbé d'Orleans, la Regence devroit eſtre deferée.

On demeure d'accord du privilege des meres pour la tutelle de leurs enfans. Ce n'eſt pas qu'elle ne ſoit contre la diſpoſition du droit commun qui appelle à ces ſortes de fonctions civiles les plus proches, c'eſt-à-dire, les heritiers du Sang, & ce privilege n'a eſté accordé aux meres qu'en conſideration de l'amour & de la tendreſſe que la nature leur inſpire pour leurs enfans.

On ne doute pas non plus que les Regẽces des Princes mineurs ne ſoient deferées aux meres, quoy que cét uſage aye commencé ſeulement en la perſonne de Blanche de Caſtille mere de S. Loüis, il s'est introduit par les grands inconveniens & les desordres funestes qu'on avoit raison de craindre dans la Regence des Princes qui pouvoient se servir de la foiblesse & de l'aage des Rois mineurs pour s'emparer de la Couronne qui leur appartenoit legitimement, & qui devoit passer à leur posterité.

C'est par cette raison qu'on a estimé qu'on ne pouvoit confier plus seurement un depost si sacré qu'entre les mains des meres, qui n'ont point d'autres interests que ceux de leurs enfans; & c'est peut-estre ce qui a fait dire à l'Auteur du Memoire qu'il y avoit plusieurs exemples à Neuf Chastel des meres qui avoient eu la tutelle de leurs enfans.

* a Mais il n'y a rien de plus different, particulierement en matiere de Souveraineté, que la tutelle d'un mineur & la curatelle d'un imbecille; car au lieu que la tutelle n'est que pour un temps borné par l'aage legitime qu'on attend avec certitude; l'imbecillité (comme il a esté remarquée) est ordinairement d'aussi longue durée que la vie. Dans ce deplorable estat où l'on ne peut avoir pour un Prince que des sentimens d'humanité, & où on ne le compte plus que parce qu'il vit & qu'il respire; y a-t-il rien de plus raisonnable que de tourner les yeux & les pensées du costé de la personne que la Souveraineté regarde aprés eux comme par une succession anticipée, qui est conforme à l'estat de la personne qu'on peut dire morte avant la fin de ses jours par la suppression des lumieres de l'esprit.

a C'est encore là une de ces differences que l'Auteur ne fonde que sur son bon plaisir, & sur le besoin qu'en auroit Madame de Nemours. Un mineur comme un imbecille a besoin qu'on pourvoye à la conduite de sa personne & de son bien, les tutelles & les curatelles sont établies dans cette veuë, & n'ont en cela que le mesme effet; & toutes ces differences que l'Auteur du Memoire veut ensuite établir, ne sont que des assertions arbitraires qui se détruisent en disant simplement le contraire, ou qui ne font aucune consequence en cette occasion. Au reste c'est un assez étrange sentiment d'humanité que de priver un homme vivant de son bien, & pour cela de le supposer mort par anticipation.

* a La politique le veut ainsi, & on ne peut rien faire qui soit plus selon les regles que d'appeller au gouvernement de l'Estat celuy qui y doit succeder le premier, pour accoûtumer les peuples à sa domi-

a On ne voit pas bien pourquoy l'Auteur des *deffenses* veut que la Souveraineté de Neuf-Chastel regarde si seurement Madame de Nemours, & à moins que le mesme esprit prophetique qui luy a fait condamner Monsieur de Longueville à ne guerir jamais, ne luy ait aussi appris que sa mort doit estre prématurée ; Il ne paroist pas fort necessaire d'accoutumer les peuples de Neuf-Chastel à une domination, que selon l'ordre de la nature, ils ne doivent jamais éprouver. On pourroit proprement appeller cette maniere de survivance, une survivance renversée. Car c'est bien plustost la succession de Madame de Nemours qui regarde Monsieur de Longueville, & ce seroit faire faire à cet Estat un tour fort inutile que de le donner à Madame de Nemours en l'ostant à Monsieur de Longueville pour le faire ensuite revenir à ce Prince par la succession de Madame de Nemours.

nation qui leur doit estre plus utile, & mesme plus agreable que celle d'un estranger, & s'il est permis, aprés un grand homme qui l'a écrit, de comparer la Souveraineté à un Office : on peut dire que la Regence d'un Estat, quand le Souverain est imbecille, est comme quelque espece de survivance qui ne peut appartenir qu'à celuy qui doit succeder.

b Comme il n'y a point de difference dans la Question dont il s'agit entre les tutelles des mineurs & les curatelles des imbecilles ; que l'on convient que les tutelles appartiennent aux meres ; que la Coustume de Neuf-Chastel les appelle également à l'une & à l'autre de ces fonctions ; que les raisons sont égales de part & d'autre, qu'il n'est pas plus difficile de s'emparer de l'estat d'un imbecille que de celuy d'un mineur ; que les meres ne sont pas moins obligées à conserver les interests des uns que des autres : c'est en vain qu'on pretendroit qu'il n'y eut point d'exemples à l'égard des imbecilles, puisque tous les exemples d'un costé sont tout autant d'exemples de l'autre.

b Aussi n'y a-t-il point d'exemples ou les curatelles de cette qualité ayent esté données aux meres, elles ont toûjours esté déferées selon l'ordre des successions à ceux qui avoient le plus grand interest de les conserver.

Mais il y a encore plus, c'est que les Estats de Neuf-Chastel qui connoissoient en dernier ressort des tutelles & curatelles, avant mesme que l'autorité des Audiances leur eut esté transmise, ont confirmé la curatelle de Madame de Longueville, comme elle estoit incontestable, & debouté Madame de Nemours de sa pretention qui estoit insoutenable.

Ils ont confirmé la curatelle de Madame de Longueville, parce qu'elle luy appartenoit de droit par la Coustume & par la nature : parce qu'elle avoit esté nommée par les parens : parce qu'à Neuf-Chastel on a toûjours reconnu les tuteurs & les curateurs nommez en France dans la minorité des Princes de cette maison : parce que déja le Conseil d'Estat, le Conseil de Ville & la Classe des Ministres avoient reconnu cette curatelle par des actes publics.

Et ils ont debouté Madame de Nemours de sa pretention de curatelle, parce que de toutes les femmes il n'y a que les meres ou grand-meres qui puissent y pretendre : parce qu'elle y a si peu de droit que par la Coustume du pays quand les

les meres ne sont plus, les parens ont le pouvoir de nommer qui bon leur semble, & mesmes un estranger, parce qu'au mesme temps qu'elle demandoit cette curatelle elle contestoit la Souveraineté à Monsieur de Longueville, que c'estoit justement estre au cas qui a fait donner aux meres la tutelle de leurs enfans par la crainte qu'on usurpast le bien des mineurs, & que c'est encore ce qui en doit exclurre Madame de Nemours pour jamais, puisque le moindre procez suffisoit pour cela ; Que sera-ce donc si l'on envisage cet abisme de procez qu'elle semble mediter contre son frere par la pretenduë nullité de sa renonciation ?

a L'exemple de Charles VI. rapporté par l'Autheur du Memoire, est contraire à sa pretention, en ce qui regarde la Regence durant l'imbecillité de ce Prince, puisqu'elle fust donnée au Dauphin presomptif heritier de la Couronne, préferablement à sa mere.

a Cet usage de donner la Regence aux meres établi par tout ailleurs, a mesme passé en France dés le temps de S. Louis, quoy que la Salique qui y appelloit les Princes y fut contraire, & cela pour éviter que des Regens ambitieux n'abusassent de la foiblesse des Rois mineurs. Qu'elle atteinte peut donc donner à la regle generale cet exemple particulier à la France, qui se trouvant hors de crainte que le Regent pût usurper la Couronne puisqu'elle luy devoit appartenir, dérogea à l'usage establi depuis S. Louis pour reprendre sa loy fondamentale, parce qu'elle n'avoit dérogé à cette Loy, en establissant cet usage, que pour éviter des inconveniens qui cessoient en donnant la Regence au Dauphin : mais si l'on ajoûte à cela les justes defiances qu'on avoit de la Reine ; son inclination pour l'Angleterre où elle avoit marié une de ses filles, & les desordres qu'elle causoit dans l'Estat, que restera-t-il de cet exemple ?

* b Cette maxime mesme est autorisée en droit par l'opinion des Docteurs qui appellent les plus proches à la curatelle des imbecilles d'esprit ; Mais il y en a une raison particuliere à l'égard de Madame de Nemours qui ne reçoit point de replique ; c'est que quand il y auroit de la difficulté pour les parts & portions qui appartenoient à l'Abbé d'Orleans dans ces Souverainetez auparavant la donation (ce qu'on ne presume pas aprés ce qui a esté justifié de

b Il est donc constant par ce qu'on vient de répondre sur cette Question, que nulle Loy au monde ne rend Monsieur de Longueville incapable de posseder la Souveraineté de Neuf-Chastel & qu'il l'auroit pû acquerir à titre de succession & à quelque titre que ce fut. Que jamais la demence n'a exclus des successions ceux que la nature y appelle. Que s'il y a des incapacitez qui font vacquer les Fiefs qui doivent service, il n'y en a point à l'égard des Fiefs hereditaires & patrimoniaux, & de ceux qui se peuvent servir par substituts ; & beaucoup moins encore pour les Souverainetez qui sont absolument independantes.

Il est constant mesme que Monsieur

de Longueville n'a jamais esté depossedé de la Souveraineté de Neuf-Chastel; qu'il n'y rentre point par acquisition; qu'il s'en retrouve proprietaire de plein droit.

Il est constant qu'il n'y a point d'exemples de Souverains deposseder pour cause de demence; que quand il y en auroit ce ne seroient que des usurpations; & que rien n'est de si terrible consequence aux Souverains que de laisser établir de semblables maximes que des usurpateurs estendroient à qui & jusques où ils voudroient.

Il est constant qu'entre les mineurs & les foibles d'esprit il n'y a nulle difference qui doive changer les Loix des Tutelles & des Regences; qu'on ne sçauroit contester la curatelle de Madame de Longueville en nul Estat du monde, & moins encore à Neuf-Chastel, ou la Coustume ne porte pas un mot qui ne la favorise.

Il est constant enfin que la proximité à succeder ne donne nul droit à la Regence & à la curatelle; que Madame de Nemours n'a aucun droit à celle de Monsieur de Longueville; que les Estats l'en ont tres-juridiquement deboutée; & que la contestation qu'elle faisoit & qu'elle fait encore à Monsieur toutes ses incapacitez) on ne pourroit pas en disputer à Madame de Nemours la plus grande partie qui luy doit appartenir par tant de titres reünis en sa personne; comment donc contester l'administration d'une partie de cette Souveraineté à celle qui est proprietaire de l'autre; ce seroit partager le gouvernement & jetter par consequent l'Estat dans le trouble & dans la confusion. La conduite n'en peut jamais appartenir si legitimement à un estranger qu'au naturel & veritable Seigneur, dont l'interest est inseparable du bien de ses peuples & de la gloire de son Estat.

Les droits de Madame de Nemours ainsi établis, il ne reste plus qu'à répondre à une fin de non recevoir, qui sera traittée dans la Question suivante.

de Longueville pour luy oster la Souveraineté, luy devroit faire oster la curatelle quand elle l'auroit, & qu'elle l'auroit par autant de raisons qu'il y en a qui la doivent empescher d'y pretendre.

Que l'Auteur des *Deffenses* se mette donc l'esprit en repos, il n'y a nulle division de gouvernement, nulle confusion à craindre pour l'Estat de Neuf-Chastel: puisque d'une part la proprieté demeure toute entiere à Monsieur de Longueville, comme on ne la luy peut disputer & qu'elle luy a esté adjugée par les Estats, & que de l'autre l'administration s'en trouve entre les mains de Madame de Longueville, comme toutes sortes de Loix la luy donnent & que ces mesmes Estats la luy ont confirmée.

GENEALOGIE
DE NEUF-

RODOLPHE Comte de Neuf-Chastel eut de SIBILLE de Mon

AMEDEE Comte de Neuf-Chastel mourut environ l'an 1285. & laissa un fils & quatre filles qui succederent *ab intestat*.

HENRY par la prononciation que Thierry Cosseigneur de Montbeliard fit l'an 1278. eut quelque portion du Domaine à la charge d'en faire hommage lige à Amedée son frere aisné.

JEAN Prevost de Neuf-Chastel obtint l'an 1285. d'Amedée son frere qu'il auroit aussi une portion comme frere.

RODOLPHE Comte de Neuf-Chastel succeda *ab intestat* à Amedée son pere: mais nonobstant cela, ses soeurs n'eurent aucune part au Comté, & il ne leur donna que de petites sommes. L'on ne fait aucune mention d'elles dans les actes qu'on fit pendant la minorité de Rodolphe & aprés sa majorité & si dans l'accord de l'an 1303. avec les Seigneurs de Vallengin, Jean & Richard y intervinrent, ce ne fut que pour ce qui regardoit le Domaine, car l'hommage pour la Seigneurie de Vallengin ne fut fait qu'à Rodolphe seul, qui mourut l'an 1342. & eut de Leonor de Savoye un fils & deux filles.

LOUYS Comte de Neuf-Chastel eut de Jeanne de Montfaucon sa premiere femme Jean & Isabelle, & de Catherine de Neuf-Chastel en Bourgogne sa seconde femme Louis, Rodolphe & Varenne: mais tous ses fils estans decedez avant luy, il ne luy restoit, en 1373. qu'il mourut que deux filles qu'il institua *heritieres universelles selon les Us & Coustumes de Neuf-Chastel*.

MARGUER... gne, & ensu... Rodolphe son ... vit, qu'on p... renir au Co... reserve de mil...

ISABELLE Comtesse de Neuf-Chastel mariée à Rodolphe dernier Comte de Nidau, eut les biens du Comté, à la reserve du Landeron que sa Soeur Varenne eut par partage, & dont elle ... hommage lige. Jean d'Arberg Seigneur de Vallengin, luy fit aussi la foy & hommage, & elle renouvella la Combourgeoisie avec la ville de Soleure. Conrard Comte de Fribourg qu'elle institua son heritier, succeda au Comté de Neuf-Chastel aprés sa mort qui arriva l'an 1395.

VA... fut co... belle... petite... le res... des p...

CONRARD Comte de ... bourg & de Neuf-Chastel succeda à Isabelle sa tante, & par ce moyen ... Comté de Neuf-Chastel entra dans la maison de Fribourg, qui est la seconde, il épousa Marie de ...rgy, & mourut l'an 1424.

JEAN Comte de Fribourg & de Neuf-Chastel ne laissa point d'enfans de Marie de Chalons sa femme, il institua Rodolphe de Hochberg son cousin son heritier, à condition qu'il porteroit les armes de Neuf-Chastel écartelées avec les siennes, il mourut l'an 1457.

PHILIPPES Marquis de Hochberg Comte de Neuf-Chastel, Gouverneur de Provence, eut le Comté tout entier aprés la mort de son pere. Il mourut l'an 1503. & ne laissa qu'une fille unique de Ma... fille d'Amedée Duc de Savoye & de Yolande de France.

DES COMTES
-CHASTEL

ontfaucon fille de Thierry Cosseigneur de Montbeliard sa femme,

nf- 85. u'il ion

RICHARD Chanoine obtint aussi l'an 1285. de son frere Amedée qu'il auroit une portion comme frere.

AGNELET eut par ladite prononciation de 1278. cinq cens livres, & des terres par engagement pour cette somme.

MARGUERITE mariée au Cosseigneur de Blonay, eut cinq cens livres comme sa sœur Agnelet par la même prononciation.

ALIX mariée à Ulric de Porta, receut quatre cens livres de dot que son frere Rodolphe luy donna.

SIBILETTE eut cent livres de rente que son frere Rodolphe luy donna par son Testament, à condition qu'elle n'en pourroit disposer que jusqu'à 60. sols de rente annuelle, & que le surplus reviendroit au Comte de Neuf-Chastel.

AGNES Religieuse eut par le Testament de Rodolphe son frere dix livres, outre ce qu'il luy avoit déja acordé par ses lettres.

NICOLE Religieuse fut traitée de mêm que sa Sœu Agnes.

…ERITE mariée au Comte de Kibourg Landgrave de Bour… ensuite au Comte de Boëka, eut en vertu du Testament de son pere par engagement, Boudry Montesillon & Boudevi… on pouvoit retirer en luy payant cinq mil livres qui devoyent … Comte Loüis son frere, si elle mouroit sans enfans, à la … mil livres dont elle pouvoit disposer.

CATHERINE Dame de Montioye ayant est… mariée deux fois par Rodolphe son pere, il n… luy donna rien par son Testament, la Coustu… me estant de doter les filles en les mariant, & … de ne leur rien donner de plus si l'on ne vouloi…

VARENNE de Neuf-Chastel Dame du Landeron, mariée au Comte de Fribourg, Landgrave de Brisgav… ut considerée n'y ayant point de mâles, comme les cadets, par Loüis son pere, qui l'institua heritiere avec Is… elle sa sœur, selon les Us & Coustumes de Neuf-Chastel, mais elle n'eut que le Landeron qui ne fait qu'u… etite partie du Comté de Neuf-Chastel, à la charge d'en faire hommage lige à son aisnée, laquelle eut to… e reste par leur partage suivant cette Coustume, qui dans les successions du Comté ne donnoit pas aux cade… les portions égales à celles des aisnez.

en de

ANNE de Fribourg mariée à Rodolphe Marquis de Hochberg de la maison de Baden, l'an 1387. n'e… aucune part au Comté de Neuf-Chastel, que Conrard son frere eut tout entier aprés la mort d'Isabe… sa tante.

GUILLAUME Marquis de Hochberg marié à N. de Montfort.

ne, de

RODOLPHE Marquis de Hochberg, fut Comte de Neuf-Cha… l aprés la mort de Jean Comte de Fribourg & de Neuf-Chastel son cousin, par ce moyen ce Comté entra en la maison de Hochberg Baden qui est la troisiéme qui la possedé: il épousa Marguerite de Vienne, & mourut l'an 1487.

GUILLAUME marié à Eliz… beth de Montfort, n'eut auc… ne part au Comté de Ne… Chastel, qui demeura t… entier à Rodolphe son ais…

le sa-

CATHERINE de Hochberg mariée à Philippes de Neuf-Chastel en Bourgogne Seigneur de F… tenay, n'eust aucune part au Comté de Neuf-Chastel.

PHILIPPES Marquis de Hochberg Comte de Neuf-Chastel, Gouverneur de Provence, eut le Comté tout entier aprés la mort de son pere. Il mourut l'an 1503. & ne laissa qu'une fille unique de Ma- fille d'Amedée Duc de Savoye & de Yolande de France.

JEANNE de Hochberg Comtesse de Neuf-Chastel épousa l'an 1504. LOUIS D'ORLEANS, qui le possede; Louys mourut l'an 1515. & Jeanne l'an 1543.

CLAUDE mourut au siege de Pa- l'an 1524. sans avoir esté marié.

LOUYS Duc de Longueville épousa Marie de Loraine fille du Duc de Guise, laquelle aprés son deceds se remaria à Jacques V. Roy d'Ecosse, il mourut l'an 1536. avant sa mere.

FRANCOIS Marquis de Rothelin m en l'an 1543. avec François d'Orleans Neuf-Chastel aprés la mort de Jeanne de sainte Croix en Bourgogne de six c

FRANCOIS Duc de Longueville, Comte de Neuf-Chastel fils de l'aisné succeda l'an 1543. à Jeanne de Hochberg sa grand'mere au Comté de Neuf-Chastel à cause, dit le partage, *qu'il est indivisible*; mais estant morte sans enfans en 1551. Leonor d'Orleans son cousin fut Comte de Neuf-Chastel aprés luy.

LEONOR Marquis de Rothelin devint Duc de Longueville & la mort de François d'Orleans son cousin germain, il pretendit le C entier en 1551. mais ayant par un accord provisionel consenti, sans pretendoit, que le Duc de Nemours son cousin fut investi de la m donnerent cette investiture qu'*à condition qu'ils deviendroient Seigneur*, à quoy n'ayant pas encore satisfait en 1557. les Bourg porté les Estats du pays à se joindre avec eux; il firent citer deva sont Juges des differens qui surviennent entre le Prince reconnu Chastel) les Ducs de Longueville & de Nemours, pour les obl *de l'investiture*, & comme ils ne le pouvoient contester, le Comt tout entier au Duc de Longueville, moyennant une legere recon Messieurs de Berne arbitres choisis pour l'estimer, adjugerent au mourut *ab intestat* en 1573. & Marie de Bourbon sa femme en 16

HENRY Duc de Longueville Comte de Neuf-Chastel, épousa Catherine de Gonzague & de Cleves; il mourut l'an 1595. avant Marie de Bourbon sa mere.

FRANCOIS Comte de S. Paul marié. avec Anne de Caumont, n'eut aucune part au Comté de Neuf-Chastel, encore qu'il eut demandé l'investiture de la moitié en 1601. & depuis en 1602. aux trois Estats.

CATHERINE demand & encore en 1602. l'inv telle part & portion du Neuf-Chastel qui luy p partient: mais elle n'y e

HENRY d'Orleans Duc de Longueville Comte de Neuf-Chastel. L'an 1601. Catherine de Gonzagu l'investiture de toute la Souveraineté; les oncles & tantes de Henry la demanderent aussi en divers temps p jour à toutes les parties au 17. Octobre 1602. depuis la Souveraineté demeura toute entiere à Henry qui m Comte de Soissons, est issuë Marie d'Orleans; & du second avec Anne Geneviéve fille de Henry de Bo

JEAN LOUYS CHARLES Duc de Longueville, Comte de Neuf-Chatel, donna l'a cette Souveraineté au Comte de saint Paul son frere, à condition que s'il mouroit sans enfans qu'elle l tourneroit de plein droit: & trois ans aprés il luy abandonna encore le reste de ses biens, moyennant une p Son cadet estant mort l'an 1672. sans enfans, la Duchesse de Nemours sa sœur a pretendu de luy succede Souveraineté de Neuf-Chastel, encore qu'elle n'y eut rien pretendu aprés la mort de son pere; mais les troi qui composent la Justice Souveraine l'en ont deboutée, & l'ont adjugée à son frere, tant en vertu de la renon de sa sœur & de la clause de retour contenuë dans la donation que l'aisné fit au cadet, qu'à cause qu Souveraineté est indivisible, & que les mâles y succedent à l'exclusion des filles, & les aisnez à l'exclusion d cadets suivant l'ordre observé depuis plusieurs siecles, qui est justifié dans cette Genealogie.

& mourut l'an 1487. | Chastel, qui demeura tout entier à Rodolphe son aisné.

... CATHERINE de Hochberg mariée à Philippes de Neuf-Chatel en Bourgogne Seigneur de Fontenay, n'eust aucune part au Comté de Neuf-Chastel.

...ANS, & fit entrer par ce mariage le Comté de Neuf-Chastel dans la maison d'Orleans, ... quatriéme

...elin marié avec Jacqueline de Rohan en partageant ...Orleans son neveu, n'eut aucune part au Comté de ...eanne de Hochberg sa mere, mais seulement la terre ...e six cent livres de rente pour recompense.

CHARLOTTE epousa l'an 1528. Philippes de Savoye Duc de Nemours.

...ville & Comte de Neuf-Chastel par ...dit le Comté de Neuf-Chastel tout ...ti, sans prejudice de la totalité qu'il ...e la moitié, les trois Estats ne leur ...*vient au Comté un seul Chef &* Bourgeois de Neuf-Chastel ayans ...r devant Messieurs de Berne (qui ...econnu, & les Bourgeois de Neuf-...les obliger d'executer la condition ...Comté de Neuf-Chastel demeura ...recompense hors du Comté, que ...ent au Duc de Nemours. Leonor ...en 1601.

FRANCOISE mariée à Loüis de Bourbon Prince de Condé, n'eut aucune part au Comté de Neuf-Chastel avec son frere Leonor; & même elle n'en demanda ny la possession ny l'investiture, quoy qu'elle fut au même degré que luy.

JACQUES de Savoye Duc de Nemours aprés la mort de François d'Orleans son cousin germain, pretendit l'an 1551. la moitié du Comté de Neuf-Chastel, mais en 1557. il fut obligé de ceder ses pretentions à Leonor d'Orleans, que Messieurs de Berne Arbitres choisis, n'estimerent qu'à deux mil livres de rente en terres au Duché de Bourgogne, & deux mil écus de capital envers la ville de Neuf-Chastel.

JEANNE de Savoye mariée à Nicolas de Loraine Comte de Vandemont, n'eut aucune part au Comté de Neuf-Chastel avec le Duc de Nemours son frere, & même n'en demanda ny la possession ny l'investiture, quoy qu'elle fut en même degré que luy.

...emanda l'an 1601. ...l'investiture de ...ion du Comté de ...i luy pouvoit ap-...en'y eut rien.

MARGUERITE ayant fait la même demande n'y eut rien non plus.

ANTOINETTE mariée à Charles de Gondy Marquis de Belle-Isle, s'estant fait Religieuse, Henry son fils demanda aussi en 1602. l'investiture de telle part & portion du Comté de Neuf-Chastel qui luy pouvoit appartenir: mais il n'y a pas plus eu que les autres.

ELEONORE mariée à Charles de Matignon Comte de Torigny, ne demanda ny possession ny investiture du Comté de Neuf-Chastel.

...onzague sa mere & Tutrice demanda en son nom comme estant fils de l'aisné, aux trois Estats de Neuf-Chastel ...emps pour les parts qu'ils pretendoient, & aprés plusieurs Jugemens rendus par les trois Estats, ils donnerent ... qui mourut en 1663. il a esté marié deux fois, de son premier mariage avec Louyse fille de Charles de Bourbon de Bourbon Prince de Condé, sont issus deux fils Jean Loüis Charles, & Charles Paris.

...na l'an 1668. ...u'elle luy re-...une pension. ...succeder en la ...es trois Estats ...renonciation ...ause que cette ...lusion de leurs

CHARLES PARIS Comte de saint Paul devint ensuite Comte de Neuf-Chastel, & Duc de Longueville, en vertu des donations que son aisné luy fit. Estant mort sans enfans au passage du Rhin l'an 1672. son aisné est rentré dans la possession de la Souveraineté de Neuf-Chastel, & des autres biens qu'il luy avoit donné.

MARIE D'ORLEANS fut mariée avec Henry de Savoye Duc de Nemours l'an 1657. & renonça par son Contract de mariage à la succession de son pere, & à celle de ses freres, en faveur du survivant, moyennant cinq cens mil livres. Son pere luy paya cette somme, & luy donna encore avant son deceds quatre-vingt-dix mil livres que l'on luy a délivré aprés sa mort.

www.ingramcontent.com/pod-product-compliance
Lightning Source LLC
Chambersburg PA
CBHW072113090426
42739CB00012B/2955
* 9 7 8 2 0 1 9 9 7 8 4 8 8 *